Gert Hellerich
Das ewige Leben

Gert Hellerich

Das ewige Leben

Philosophische, theologische und soziologische Diskurse

Frank & Timme
Verlag für wissenschaftliche Literatur

Umschlagabbildung: Pinus longaeva im Inyo National Forest, Kalifornien (USA)
© angeldibilio – stock.adobe.com

ISBN 978-3-7329-0904-9
ISBN E-Book 978-3-7329-9047-4

Herstellung durch Frank & Timme GmbH,
Wittelsbacherstraße 27a, 10707 Berlin.
Printed in Germany.
Gedruckt auf säurefreiem, alterungsbeständigem Papier.

www.frank-timme.de

Inhaltsverzeichnis

Einleitung

Das Buch von Fritz Wöss, *Hunde, wollt ihr ewig leben,* das 1959 auch verfilmt wurde, hat den Autor dazu bewegt, sich darüber Gedanken zu machen, inwiefern es ein menschlicher Wunsch sein könnte, ewig zu leben und wie solch ein ewiges Leben aussehen oder wie es gestaltet werden könnte. Der Inhalt des Buches und des Films bezieht sich auf den verlustreichen Kampf um Stalingrad. Dieser Titel wiederum geht auf den preußischen König Friedrich den Großen zurück, der nach der verlorenen Schlacht gegen Österreich seinen fliehenden oder desertierenden Soldaten „Ihr verfluchten Gauner, wollt ihr denn ewig leben?" zugerufen haben soll. Dieses Manuskript *Das ewige Leben – Philosophische, theologische und soziologische Diskurse* ist jedoch nicht auf Krieg und Kampf zugeschnitten, sondern es geht um die Frage, ob der Mensch in dieser Welt oder in einer anderen Welt den Wunsch haben könnte, ewig zu leben und ob dieser Wunsch je erfüllt werden kann. Aus einer religiösen Sichtweise heraus ist Unsterblichkeit kein Problem, denn der unendliche Gott kann ein ewiges Leben für die an ihn glaubenden Menschen bereitstellen. Es gibt viele Artikel und Bücher zu diesem Themenbereich, die zumeist unkritisch sind, da sie nur auf einem gewissen Glauben aufbauen und Wissen oder wissenschaftliches Denken völlig ausklammern. Es scheint Gläubige nicht zu stören, ob ihr Glauben wider jegliche Vernunft ist. Anders sieht es bei den nach wissenschaftlichen Maßstäben und Erkenntnissen ausgerichteten Menschen aus. Sie setzen in ihrem Transhumanismus auf die Erweiterung der biologischen menschlichen Grenzen oder entwickeln Visionen technizistischer Machbarkeiten. In dem 2018 erschienenen Roman *Ewiges Leben* von Andreas Brandhorst werden Unsterblichkeit, Gentechnik, virtuelle Welt und Religion miteinander verknüpft und jedes dieser Themen durch verschiedene kompetente Personen vertreten, die unterschiedliche Handlungsmöglichkeiten aufzeigen. Dieses Buch ist ein Roman und im Unterschied zu dem Manuskript über *Das ewige Leben – Philosophische, theologische und soziologische Diskurse,* keine wissenschaftliche Abhandlung. Ein weiteres Werk über die Unsterblichkeit wurde von Ursula Kampmann 2019 mit dem Titel *Ewiges Leben?* veröffentlicht.

Ihr Schwergewicht liegt auf einer für Ausstellungen vorgesehenen Büchersammlung, die von Fragen rund um den Tod und der Hoffnung auf ein ewiges Leben geprägt ist. Dieses Buch ist eine historische Aneinanderreihung diverser Manuskripte aus der Geschichte der Menschheit, das sehr aufschlussreich und interessant ist, aber ihm liegt keine wissenschaftliche Auseinandersetzung mit der Thematik zugrunde. Einem weiteren Buch, nämlich dem von Barbara Ehrenreich mit dem Titel *Wollen wir ewig leben?* liegt das Ziel zugrunde, die Menschen dazu anzuregen, ein gutes und sinnvolles Leben zu führen. Sie setzt sich mit der Wellness-Epidemie auseinander, aber geht auch auf die menschliche Vergänglichkeit ein, die die Menschen zu akzeptieren lernen sollen. Der Titel *Wollen wir ewig leben?* entspricht jedoch nicht dem Inhalt des Buches.

Die Frage nach dem ewigen Leben soll in diesem Manuskript über das Wunschdenken schwerpunktmäßig aus einer säkularen oder einer atheistischen, sowie einer wissenschaftlichen Perspektive heraus erforscht werden, Da wir in einer christlichen Kultur leben und sie das ganze Leben hindurch Einfluss auf das Bewusstsein der Menschen nimmt, muss auch auf die aus wissenschaftlicher Sichtweise heraus problematischen christlichen Religionsvorstellungen eingegangen werden. Darüber hinaus soll ebenso das jüdische und moslemische Gedankengut erörtert werden, denn es ist Teil der europäischen Religionskultur. Es stellt sich immer wieder die Frage, ob ein Glaube sinnvoll sein kann, der gegen jegliche Vernunft gerichtet ist.

Neben den Fragen, ob es ein ewiges Leben in wissenschaftlicher oder religiöser Hinsicht geben kann, ist eine weitere Frage die, ob für einen Menschen, der sowohl die wissenschaftlichen wie auch die religiösen Vorstellungen eines ewigen Lebens ablehnt, nur noch das ewige Nichts nach seinem hiesigen Leben übrigbleibt. Anstelle Hoffnung auf ein ewiges Leben zu hegen, wird der Mensch, ohne auf das ewige Leben in Wissenschaften und Religionen zu bauen, nunmehr damit konfrontiert, dass es für ihn nach dem Tode für immer zu Ende sein könnte, wobei wahrscheinlich manch einem selbstbewussten Menschen ein niederdrückendes und beängstigendes Gefühl der Hoffnungslosigkeit beschleichen könnte, außer es gibt noch Denkmöglichkeiten über die Vorstellungen der Wissenschaften und Religionen hinaus.

Ein wesentliches Problem, das sich bei dem Wunsch, ewig leben zu wollen, stellt, ist die Klärung des Begriffes „ewig", weil er im Alltagsverständnis zumeist unterschiedlich diskutiert wird oder die Menschen verschiedene lebensweltliche Vorstellungen davon haben. Für endliche Menschen, die durch die drei Dimensionen Vergangenheit, Gegenwart und Menschen geprägt sind, ist ein zeitloser Begriff, wie ewig, schwer vorstellbar. Es ist kaum nachvollziehbar, wie etwas keinen Anfang und kein Ende oder auch wie etwas einen Anfang, aber kein Ende haben könnte. Es ist für uns endliche Wesen unbegreiflich, dass etwas da ist, ohne dass es entstanden sein sollte, genauso wenig, wie etwas da ist und nicht vergehen sollte. Das Universum, so sagen einige Wissenschaftler, soll unendlich sein, ohne Anfang und Ende, während andere den Standpunkt vertreten, der Kosmos habe einen Anfang, aber kein Ende. Gott sei ewig, lernen wir in der Religion, können jedoch nicht nachvollziehen, wie ein Wesen nicht entstanden sein soll und auch nicht sterben soll. Dieser Begriff ist jenseits unserer Vorstellungskraft. Den gläubigen Christen wird ein ewiges Leben versprochen, doch es scheint so, als ob sie sich nicht im Klaren darüber sind, was das eigentlich heißt, ewig zu leben und wie sich solch ein unendliches Leben manifestieren würde.

Ewig hat in unserem Sprachgebrauch zum einen die Bedeutung von endlos, also ohne zeitliche Dimensionen und Begrenzung. So soll Gott nach Galater 1, 5 oder Philipper 4, 20 von Ewigkeit zu Ewigkeit – also eine doppelte Ewigkeit haben, wobei Paulus in seinen Briefen wahrscheinlich zum Ausdruck bringen wollte, dass es im Hinblick auf Gott keinen Anfang gab und kein Ende geben kann, also Gott ohne Geburt und ohne Tod sei. Ewigkeit scheint mit Zeitvorstellungen nichts mehr zu tun zu haben; statt unendlicher Zeit müsste man eher von Nicht-Zeit sprechen, ganz im Gegensatz zu der begrenzten menschlichen Lebenszeit. Im Begriff „ewig“ gibt es den Zeitbegriff – Vergangenheit, Gegenwart und Zukunft, nicht mehr, denn das Leben ist zeitlos.

Zum anderen kann der Begriff „ewig“ umgangssprachlich einen sehr langen Zeitraum betreffen, hundert Jahre und mehr, ist jedoch nicht zeitlos. Hier kann der Begriff ewig mit Langlebigkeit gleichgesetzt werden. Im Alltagsleben wird der Begriff ewig auch für das ganze Leben überdauernde Beziehungen gebraucht, wie z. B. die ewige Liebe oder die ewige Treue. Oft sind Worte, „wie ewig nicht gesehen“ oder „ewig auf einen Termin warten“ zu hören, was sich auf eine lange Zeitspanne beziehen soll. Wider jegliche Logik sind im Alltag hin und wieder auch Aussagen zu vernehmen, wie „das dauert ja ewig und drei Tage". Zusammengefasst kann also festgehalten werden, dass der Begriff „ewig" in der Alltagssprache diverse Bedeutungen haben kann, die, wenn er auf das Thema „ewiges Leben" bezogen wird, sowohl erstens die Unendlichkeit in der Form der Zeitlosigkeit ohne Anfang und Ende, zweitens mit Anfang aber ohne Ende und drittens auch einen sehr langen Zeitrahmen beinhalten kann.

Nicht wenige menschliche Wesen liebäugeln mit dem Ewigen, weil sie nicht sterben wollen, weil der Tod als ungeheuerlich wahrgenommen wird. Wenn sie an den Tod denken, fährt ihnen der Schrecken in die Glieder. Unter dem Boden zu liegen und zu verfaulen oder kremiert zu werden und durch das Feuer zu Asche zu werden, erscheint ihnen als Schreckgespenst, obwohl für nicht wenige Menschen das Leben zumeist nicht eitel Sonnenschein ist, doch nichtsdestotrotz wollen sie lieber weiterleben als die Bitterkeit und die Nacht des Todes zu erfahren, denn der Tod scheint für die meisten Menschen ein Übel zu sein. Nicht aufgrund des Todes das Ewige zu wünschen, sondern vom Leben, von der Liebe zum Leben, aus, scheint eine sinnvollere Vorstellung eines langen Lebens zu sein. Wenn das alltägliche Leben einen Sinn ergibt, die Menschen Gestaltungsfähigkeiten vor Augen haben, sie schöpferisch tätig sind, sie in gute soziale Beziehungen eingebunden sind und sie einigermaßen gesund sind, dann kann man deren Wunsch und Entscheidung, ein langes Leben zu erreichen, ohne Weiteres nachvollziehen. Selbst wenn der eine oder andere Mensch krank oder behindert sein sollte, kann für ihn das Leben noch lebenswert sein und Langlebigkeit angestrebt werden. Wer jedoch nicht in der Lage ist, das Leben als etwas Neues zu sehen, das geschaffen werden kann und Freude zu bereiten vermag, sondern als kontinuierliche Wiederholungen des Gleichen gesehen wird, für denjenigen wird ein langes Leben langweilig und unzufrieden, ja vielleicht sogar eine Strafe sein. Wer keinen Sinn im Leben findet, für den wird der Alltag zur Qual. Wenn einige Menschen das Leben als Last empfinden, wünschen sie sich bestimmt nicht ein ewiges Leben, sondern denken eher darüber nach, wie sie das Leben hinter sich bringen können und die Schrecken des Todes werden dabei ausgeblendet. Eventuell kommt sogar eine Selbsttötung in Frage, die für sie eine Entlastung sein könnte.

Diejenigen jedoch, die, ohne den Religionen Glauben zu schenken, auf ein langes Leben setzen, begrüßen den wissenschaftlichen Prozess der Lebensverlängerung. Dabei geht es den Wissenschaftlern nicht nur um Anti-Aging, sondern sie wollen dem Alterungsprozess Einhalt gebieten und nicht nur die bislang geltende Altersgrenze von 120 Jahren übertreffen, sondern 200 und mehr Jahre erreichen. Selbst die Wiederbelebung oder Auferweckung Toter ist im Gespräch, wie dies die Kryonik zeigt. Eine nicht geringe Anzahl kritischer Geister betrachtet diese wissenschaftliche Hybris als Science-Fiction. Doch die Wissenschaftler/innen argumentieren wiederum, dass viele der jetzigen Errungenschaften in früheren Zeiten noch für undenkbar gehalten wurden. In einem wissenschaftlichen Zeitalter scheinen nicht wenige Menschen eher dem wissenschaftlichen Geist als den Religionen, die sie als mythischen Restbestand vergangener Epochen abwerten, Glauben zu schenken.

Allerdings kann die von Wissenschaften angesteuerte und von vielen gewünschte Langlebigkeit auch Probleme auf dem Planeten Erde mit sich bringen, wie z. B. Überbevölkerung, die zur Ressourcenknappheit und Umweltproblemen beitragen könnte. Es ist die Frage, ob Politik und neue Technologien dieses Problem in der Zukunft lösen können, falls die Menschen immer länger leben sollten.

Die Arbeit hat insgesamt drei Teile. Im ersten Teil soll zunächst aufgearbeitet werden, aufgrund welcher Vorstellungen einige Menschen ewig leben wollen und andere nicht. Surveys per Internet in der Form von Postings sollen die vielfältigen Einstellungen und Auffassungen zu einem möglichen ewigen Leben illustrieren, die sich von Vorbehalten bis hin zur Begeisterung darüber erstrecken. Es soll gezeigt werden, wie auf der einen Seite gewisse Menschen mit der Langlebigkeit nichts anfangen können, da sie der Auffassung sind, dass ein Leben 70 bis 80 Jahre währen sollte und nicht länger, während bei manchen Menschen die Angst vor dem Tod zum Problem wird und sie daher lieber weiterleben wollen als zu sterben, obwohl das Leben für sie oft nicht so ist, wie es sein könnte. Auf der anderen Seite sind diejenigen anzutreffen, denen dieses Leben hier und jetzt viel Freude bereitet und sie daher ein ewiges Leben herbeisehnen. Für sie ist das Leben unbegrenzt schäumend, voll von schöpferischen Kräften, Improvisationen, Neugier und Wissensdurst – ein wahres Leben in Fülle. In der Arbeit wird der Frage nachgegangen, warum auf der einen Seite Menschen nicht ewig leben wollen und es für sie anscheinend lästig, langweilig und sinnlos wäre, lange zu leben, während es auf der anderen Seite für Menschen, ewig leben zu können, eine Glückseligkeit sein könnte. Auf welchen

Geisteshaltungen basieren diese Gegensätzlichkeiten? Sind die Art und Weisen, wie der Mensch hier und jetzt lebt, ein Präkursor für die Entscheidung für oder gegen ein ewiges Leben? Ergibt sich das Wunschdenken, ewig leben zu wollen, aus bestimmten diesseitigen Lebensbedingungen, welche der Mensch sich aneignet? Außerdem stellt sich die Frage welche Auswirkungen, die Langlebigkeit auf die Natur und die sozialen, ökonomischen und politischen Verhältnisse haben könnte. Ist die mit Langlebigkeit verbundene Bevölkerungsexplosion Grund zur Besorgnis oder ist es eher der Überkonsum der reichen Länder wie auch die derzeit vorherrschende ungerechte Verteilung? Darüber hinaus soll, wenn Alter nicht gleichbedeutend mit Krankheit gesehen wird, recherchiert werden, wie gesundheitsfördernde Lebensstrategien, die auf körperliches, psychisches und soziales Wohlbefinden ausgerichtet sind, dazu beitragen könnten, ein besseres und längeres Leben zu führen. Ein wesentlicher Aspekt des ersten Teils beruht auf den Wissenschaften der Lebensverlängerung und in der Arbeit wird der Frage nachgegangen, wie und wodurch diese erreicht werden könnte. Es werden wissenschaftliche Forschungsmöglichkeiten von der Gentechnik bis hin zu der Wunderpille erschlossen und die Frage aufgeworfen, ob solche Tendenzen als Science-Fiction kategorisiert werden sollten oder gar diesen wissenschaftlichen Bestrebungen ein Denken der menschlichen Überheblichkeit zugrunde liegen könnte. Sollten die Wissenschaftler/innen tatsächlich erfolgreich sein, das Leben zu verlängern, stellt sich die Frage, ob eine Verlängerung des irdischen Lebens unter den gegebenen und sich vielleicht in Zukunft noch verschlechternden Verhältnissen sinnvoll sein könnte, außer es kommt zu einer sozialen, politischen und wirtschaftlichen Transformation, durch welche der Mensch mit seinen Bedürfnissen und Fähigkeiten in den Mittelpunkt gerückt wird, sodass eine soziale, politische und ökonomische Wende herbeigeführt wird, die dem Leben neue Impulse geben, die beim Menschen Lebensfreude aufkommen lassen würde, was wiederum positiven Einfluss auf sein Leben haben könnte.

Im zweiten Teil der Arbeit soll das von christlichen, jüdischen und islamischen Religionen konzipierte ewige Leben erörtert werden. Zweifelsohne gibt es Unterschiede zwischen den drei monotheistischen Weltreligionen, doch alle drei gehen von einem Jenseits oder von einem ewigen Leben aus. In den Religionen wird zwischen guten und schlechten Menschen, zwischen Gläubigen und Ungläubigen differenziert. Den einen wird der ersehnte Himmel oder eine neue Erde versprochen, den anderen eine grausame Hölle. Es taucht in diesem religiösen Kontext die Frage auf, ob solche Vorstellungen in einer aufgeklärten und wissenschaftlich technologischen Welt noch sinnstiftend sein können. Ist es darüber hinaus möglich, an eine Seele zu glauben, die sich von dem Körper loszulösen vermag und sich dann wieder mit ihm vereinigen kann? Für wissenschaftlich und logisch ausgerichtete Menschen scheint diese Vorstellung unhaltbar, ja sogar widersinnig zu sein. Zweifelsohne ist glauben nicht wissen. Aber kann ein unwissenschaftlicher und unlogischer Standpunkt, nämlich an eine unsterbliche Seele oder gar an die Seelenwanderung zu glauben, nicht als ein Rückschritt vom modernen wissenschaftlichen Zeitalter, in das der Mythologie gewertet werden? Doch selbst wenn die Religionen in ihren Auffassungen von der Auferstehung und einem Leben danach, auch unwissenschaftlich und irrational erscheinen mögen, so kann man nicht umhin der Frage nachzugehen, ob sie nicht doch eine gewisse therapeutische Wirkung haben könnten, nämlich Ängste vor dem Tod und dem Nichts zu minimieren oder gar zu beheben.

Im dritten Teil der Arbeit geht es um diejenigen Menschen, die sich sowohl von den religiösen Ideen der Auferstehung und eines ewigen Lebens wie auch von den Wissenschaften, die ewiges Leben versprechen, distanzieren. Sie glauben nicht daran. Ihre Angst ist nicht vor dem Tod, sondern deren bedrückende Vorstellung beruht darauf, dass sie nie wieder leben werden oder ihr Dasein für immer vorbei sein wird. Es ist im Sinne Kierkegaards, das ewige Nichts, das ihnen zu schaffen macht. Das Erschreckende ist, dass das Ich zur Nichtigkeit verdammt werden kann, das ihrem Willen zum Leben wie auch ihrem Selbsterhaltungstrieb widerspricht. Das Ich kann sich nicht zurechtfinden mit seiner Vernichtung, obwohl, ohne Auferstehungsglaube und ohne Wissenschaftsgläubigkeit es sich so abzeichnet. Nicht nur Atheisten, sondern auch für nicht wenige Christen scheint es im Zeitalter der Aufklärung, der modernen Wissenschaften und Technologien, immer schwieriger zu sein, an die Auferstehung und ein ewiges Leben zu glauben, die, wenn die Weichen Richtung Vernunft gestellt werden, sie als Mythen abgetan werden müssen, aber da auch die wissenschaftliche Hoffnung auf ein ewiges Leben für sie trügerisch erscheint, so bleibt ihnen nichts anderes über als dem Nichts ins

Auge zu schauen. Das Nichts ist ein umstrittener philosophischer Begriff. Die Vorsokratiker fanden es unmöglich über das Nichts nachzudenken oder darüber zu sprechen. Ein ähnliches Denken ist bei den gegenwärtigen logischen Positivisten vorzufinden. Nach Heidegger dagegen kann das Nichts jedoch nur im phänomenologischen Sinne als etwas Fehlendes gefühlt werden. Es wird in der Arbeit untersucht, inwiefern sich einige Menschen dem ewigen Nichts nach dem Tod als unabänderlichem Schicksal fügen, während andere dieses Schicksal nicht akzeptieren wollen und nach Wegen suchen, irgendwie ihr Ich zu retten. Die Frage ist nur wie. Es soll in diesem Zusammenhang erkundet werden, ob bei denjenigen, die das Selbst nach dem Tod als Auflösungsprozess betrachten, ihr Selbstbewusstsein und ihr Selbsterhaltungstrieb zu sehr ausgeprägt zu sein scheint, dass sie ein enormes Unbehagen, ja sogar eine äußerste Verzweiflung empfinden, für immer zu verschwinden und darüber hinaus für immer vergessen zu werden. Es stellt sich die Frage, ob in modernen individualistischen im Gegensatz zu kollektiven Gesellschaften das Ich zu sehr zentriert ist und vielleicht dezentriert werden müsste. Wäre es sinnvoll, auf diese Einstellung zum ewigen Nichts nach diesem Leben, das dem Menschen angst und bange macht, mithilfe psychologischer und therapeutischer Praktiken Einfluss zu nehmen? Kann solch eine unabdingbare Geisteshaltung gewisser endlicher Menschen, die ihre Vergänglichkeit und ihr Nichts in der Zukunft nicht anerkennen wollen, einfach wegtherapiert werden? Doch ein anderer Gedanke, der verfolgt werden könnte, wäre auch der, statt das Leben nach dem Tod als ein ewiges Nichts zu postulieren, es als etwas Unbekanntes, als etwas dem Menschen Verborgenes, zu denken, das nicht durchschaubar ist und in einer durch die moderne Technisierung bewirkten Verzauberung der Welt immer noch ein Geheimnis bleiben wird. Was würde dieses offene Denken implizieren? Würde es das Unwohlsein und die Verzweiflung einer ewigen Nichtigkeit beheben können?

Teil I –
Ewiges Leben als langlebiges Dasein: Was spricht dafür, was dagegen?

1 Warum wollen gewisse Menschen ewig leben?

Aus der Angst vor dem Sterben heraus die Sehnsucht nach dem Ewigen

Ein wesentlicher Grund für die Menschen, ewig leben zu wollen, ergibt sich aus der Angst vor dem Sterben und vor dem Tod (siehe MDR Wissen 2018). Sie wollen es nicht wahrhaben, dass sie endlich sind und Endlichkeit bedeutet, dass sie eines Tages, wie alle anderen Menschen, sterben müssen. Selbst die Revolte oder der hartnäckige Widerstand dagegen, kann das Gesetz der Natur nicht ändern. Auch wenn man den bevorstehenden Tod nicht zur Kenntnis nehmen will oder dagegen aufgebracht ist, tritt er doch früher oder später ein. Das Streben nach dem Ewigen ergibt sich aus dem Wunschdenken heraus, nicht sterben zu wollen oder einem Widerstand gegen die Zeitlichkeit, Endlichkeit und Vergänglichkeit.

Es ist nicht nur eine Revolte gegen die Vergänglichkeit des Lebens, sondern in der Moderne auch eine gegen das Fremde und Unbekannte, das dem Menschen Angst einjagt, denn im Gegensatz zu früheren Zeiten wird der Umgang mit dem Tod kaum mehr in Erfahrung gebracht. „Eine Angst entsteht immer dann, wenn wir etwas nicht kennen. Früher sind viele im Kreis der Familie gestorben. Der Tod war viel stärker Teil des Lebens. Heute wird vieles davon an Fachleute delegiert“ (Kronig in: Schmidt 2021). Ähnliche Gedanken hegt Elias (1992); er beschreibt und analysiert ebenso wie Kronig, dass der Sterbende in vormodernen Zeiten nicht in medizinischen und sozialen Organisationen untergebracht wurde, um dort zu sterben, sondern der Tod war ein Ereignis in der alltäglichen Welt, worüber man unbefangen sprach. Der erfahrungsfremde Tod, dem der Mensch auszuweichen versucht und den er verdrängen will, wird erst dann zum Peiniger des Alltagslebens, wenn er plötzlich erkrankt, einen Unfall hat oder seine Angehörigen, Bekannten, Freunde sterben, er nunmehr wahrzunehmen beginnt, dass der Tod etwas Reales ist und er selbst davon betroffen werden kann.

Wenn dann schließlich der Tod ein Thema der menschlichen Alltagswelt wird, dann kommen viele Menschen mit ihrer Sterblichkeit und ihrem möglichen Tod nicht zurecht. Sie können kein persönliches Verhältnis zum Tod herstellen, weil er, ihrer Vorstellung nach, dem Leben entgegengesetzt ist. Aus diesem Grunde brauchen sie einen Glauben an das Ewige oder an die Unsterblichkeit (siehe Stephen Cave 2012), den sie in der Religion, aber auch in der Wissenschaft, finden wollen, denn von ihnen wird erwartet, dass sie den Tod besiegen können. In der Religion (siehe Teil II) wird ihnen der beruhigende Glauben an das ewige Leben nach dem Tod vermittelt und dieser Glaube geht auf ihr Wunschdenken, ewig leben zu können, ein und scheint auf diese Weise die Angst vor dem Tod nicht völlig aufzuheben, aber wenigstens zu minimieren. Die Religion vermittelt dem Menschen Trost in schweren Zeiten, denn „alles Leben ist bereit, nach Wegen zu suchen, um dem Tod zu entgehen und es gibt keine größere Versuchung, als unsere Angst vor dem Tod durch den Glauben zu ersetzen, dass die eigene Existenz ewig andauern wird. Sich von dieser Realität zu überzeugen, kann die Gläubigen vor lähmenden Ebenen existenzieller Angst, Trauer, Schuld und Depression schützen" (Ajifo 2021). Ebenso wird von nicht-gläubigen Menschen erwartet, dass die Wissenschaften in der Zukunft in der Lage sein werden, das Leben zu verlängern und vielleicht sogar den Tod aufzuschieben oder sogar Tote zu neuem Leben zu erwecken (siehe Kapitel 5).

Der Tod ist unfassbar für viele Menschen und das Sterben bringt darüber hinaus „eine maximale Form von Kontrollverlust" (Kalus 2020) mit sich. Da der Mensch zumeist darauf ausgerichtet ist, Kontrolle über sich und über die Natur auszuüben, bedeutet die Unfähigkeit, sein Lebensende selbst unter seine Kontrolle zu bringen, einen herben Schicksalsschlag, der krankhafte Ausmaße, wie Angststörungen, Herzrasen oder Depressionen, annehmen kann (ebenda). Die Angst vor dem unvermeidlichen Tod kann bei einigen Menschen „regelrechte Panik" auslösen. „Panikattacken mit Unwohlsein, Hitzewallungen und starkes Schwitzen" (Leitner 2018) können als Symptome der Angst vor dem Sterben und dem Tod, im wissenschaftlichen Denken als „Thanatophobie" bezeichnet, die Alltagswelt stark einschränken.

Sehnsucht nach dem Ewigen aus der Freude am Leben heraus

Es ist nicht das pure Überleben oder die Vermeidung des Todes, das für etliche Menschen ein Ansporn zum ewigen Leben ist, sondern die Liebe zum Leben ist häufig die treibende Kraft dahinter (siehe Hellerich 2017). Es ist nicht der reine Erhaltungstrieb, der die Menschen zum Ewigen hinbewegt; vielmehr ist es, wie Fromm es einmal formulierte, „die leidenschaftliche Liebe zum Leben und allem Lebendigen“ (Fromm 1981, VI, S. 331). Die Bejahung des Lebens manifestiert sich in kontinuierlichen Visionen über das gute und schöne Leben als einer energiespendenden Kraft, die auf die Welt einwirkt, um sie immer wieder neu zu interpretieren und zu gestalten. In dieser Leidenschaft des Menschen für eine stetige Erneuerung ist das Leben offen und frei. Seine positive Lebensführung zeigt sich in seiner alltäglichen Freude am Experimentieren, um Neues zu erleben und auf diese Weise, Stillstand und Wiederholungen zu vermeiden. Mithilfe von Experimenten, ein schönes Leben zu schaffen, bezeichnet Foucault als „die Ästhetik der Existenz“ (Foucault 1986, S. 315). Nietzsche fordert den Menschen auf, „Dichter seines Lebens“ (Nietzsche 1994, KSA3, S. 538) zu werden, denn der Dichter ist, Eichendorff zufolge, das „Herz der Welt“. Wilhelm Schmid betrachtet das Leben als eine Lebenskunst und wenn es so gewürdigt wird, dann kann es sowohl freudig, glücklich wie auch sinnvoll sein. „Glück kann ein Ersatzbegriff für Sinn sein“ (Schmid 2007, S. 45). Das Ewige regt sich fort in den glücklichen Episoden des Erlebens. Freude kommt bei vielen Menschen auf, wenn sie schöpferische Akte vollziehen und ihre Ergebnisse des Schaffens bewundern können und stolz darauf sind, ihre Welt verwandelt zu haben. Nietzsche schreibt: „Die Welt, wenn auch kein Gott mehr, soll doch der göttlichen Schöpferkraft, der unendlichen Verwandlungs-Kraft fähig sein“ (Nietzsche 1994, KSA 11, S. 556). Mit einem längeren Leben könnte der Mensch so viel erleben, so viele glückliche, beeindruckende und wohlfühlende Erfahrungen machen und dabei immer wieder auf Neues, Ungewohntes und Unbekanntes stoßen, die das Herz höherschlagen lassen (siehe Michel 2015). Man kann die Natur, die Kunst, das Reisen, die Abenteuer, die Bildung und vieles mehr erleben und die besonderen Ereignisse auf sich wirken lassen und auf diese Weise die Augenblicke genießen. Es gibt noch so viel zu erleben und so solch eine Menge Dinge zu verrichten, die in einem jetzigen Leben nicht zu schaffen sind. Die Verlängerung der Lebenszeit, ein Wunschdenken des Menschen, würde unendlich viel Zeit für alle möglichen Vorhaben und Engagements zur Verfügung stellen.

Freude im Leben manifestiert sich häufig in der Form des Lachens und Lächelns. Dabei können die beiden eine gesundheitsfördernde und lebensfördernde Kraft im Menschen sein, die zur Lebensverlängerung beitragen können. Nach Morgenstern kann das Lachen das Gute in den Menschen eindringen lassen: „Lachen und Lächeln sind Tor und Forte, durch die viel Gutes in den Menschen hineinhuschen kann" (Morgenstern 2018). Nietzsche forderte seine Anhänger immer wieder auf, „das gute Lachen" nicht zu vergessen. In *Also sprach Zarathustra* verkündigte Nietzsche das Lachen als heilig und er erwartet von seinen Mitstreitern: „Ihr höheren Menschen lernt mir – lachen" (Nietzsche 1891, Band IV, S. 89). Die Freude und das Lachen werden oft als Sommer des Lebens wahrgenommen – ganz im Gegensatz zu früheren christlichen Deutungen, die das Lachen als Werk des Teufels einstuften, wie dies in der mittelalterlichen Kirche im Roman *Der Name der Rose* verfochten wurde. Ganz anders die chinesische Weisheit, nach der das Lächeln den Tag verzaubert, die Stimmung aufhellt und Lebensfreude in den Alltag bringt. Es scheint eine Korrelation zwischen dem Lachen, das Freude am Leben widerspiegelt und einem längeren Leben zu bestehen.

Gute soziale Beziehungen in alle Ewigkeit

Freude am Leben offenbart sich in guten sozialen Beziehungen. Gute soziale Beziehungen in der Familie können zu himmlischen Welten auf Erden beitragen, wie Swamis diese als „Home itself the Heaven" (2014) bezeichnet. Er schreibt: „There is no essence in the imagination of a heaven after death, hence remember that the heaven lies in improving one's self" (S. 23). Zweifelsohne ist ein auf den anderen eingehendes, ihn akzeptierendes und unterstützendes Selbst auf der zwischenmenschlichen Ebene der Familienangehörigen von großer Bedeutung, denn dadurch kann ein harmonisches Verhältnis hergestellt und Konflikten vorgebeugt werden. Jesus erweitert diese mikrosozialen harmonischen Beziehungen in der Familie auf die makrosoziale Ebene und wünscht sich das Himmlische auf Erden. In Lukas 17, 20 heißt es: „das Königreich Gottes ist mitten unter euch", wobei das Heilige mit dem Weltlichen verschmilzt, Nächstenliebe und Feindesliebe bestimmend werden und Barmherzigkeit, wie diese im Gleichnis Jesu vom Samariter zum Ausdruck gebracht wird, eine die menschlichen Beziehungen durchdringende Tugend wird. Gerechtigkeit und Gleichheit, wie sie aus dem Gleichnis der Arbeiter Im Weinberg ersichtlich werden, sollen bestimmende menschliche Werte werden. Auch Marx plädiert für himmlische Zustände auf Erden, aber im Vergleich zu den Religionsstiftern ist es nicht nur das Selbst, das auf die Welt einwirken soll, sondern die materiellen und sozialen Bedingungen müssen verändert werden, um eine neue menschliche Gesellschaft hervorzubringen. In solch einer Gesellschaft, in der das Prinzip „jeder nach seinen Fähigkeiten, jedem nach seinen Bedürfnissen" (Marx 1972, S. 21) gilt, möchte der Mensch gern ewig leben wollen. Solch eine neue Gesellschaft würde dem Wunschdenken der Menschheit entsprechen.

Gute Freundschaftsbeziehungen, die ewig währen

Neben den familialen Beziehungen sind die Freundesbeziehungen für ein längeres Leben von enormer Bedeutung. Gute und zuverlässige Freunde zu haben, ist ein weiteres Wunschdenken vieler Menschen Es soll, dem antiken Denken zufolge, keine größere Freude als die Freundschaft geben. Aristoteles argumentiert: „Freundschaft bedeutet Gemeinschaft; man verhält sich zum Freunde wie zu dem eigenen Selbst … Was für jeden den Inhalt seiner Existenz bedeutet, das was einem das Leben erst lieb macht, gerade das wünscht man mit dem Freunde zusammen zu genießen … Denn, weil man sein Leben mit den Freunden teilen will, so treibt man in Gemeinschaft mit ihnen eben dies, worin man das Glück seines Lebens findet" (Aristoteles 1909, S. 204–206). Dieser Sichtweise gemäß bereichert eine Freundesbeziehung beide Individuen, stärkt und festigt sie. Außerdem kann sie zur Glückseligkeit und zu einem längeren Leben beitragen. Im Gegensatz zu Verwandtschaftsbeziehungen, die dem Menschen vorgegeben sind, beruht das Zustandekommen von Freundschaftsbeziehungen, Aristoteles zufolge, auf einer freien Wahl. In der Moderne gehen die meisten Philosophen, Psychologen und Sozialwissenschaftler auf Aristoteles zurück, wenn sie sich mit Freundschaft beschäftigen. Nach Eichler setzt Freundschaft immer eine Beziehung der Gegenseitigkeit voraus, anders als in der Liebe, die einseitig sein kann, denn sie braucht nicht unbedingt von dem/der Geliebten erwidert zu werden. Freunde konstituieren sich stetig als Subjekte jenseits von Konkurrenz. Sie zeichnen sich in den Freundschaftsbeziehungen durch Hilfeleistungen und Aufmerksamkeit, wie auch durch Wohlwollen dem anderen gegenüber aus. Was kann lebensfördernder sein als Freunde, die lebenslang zu einem stehen (siehe Eichler im Gespräch mit Rohde 2018 und ebenso sein Buch Philosophie der Freundschaft 1999). Nach Schmidt kompensiert Freundschaft das Schwinden des Gemeinsinns in modernen, vom Kapitalismus geprägten Individualismus (siehe Schmidt 2003).

Selbstaussagen über den Wunsch, ewig leben zu wollen

In den von Standard Wissen, YouTube, Gutefrage, Quora und anderen durchgeführten Surveys über das ewige Leben wurden Kommentare erbeten, in welchen die Individuen ihre Gedanken, Meinungen und Gefühle zu dieser Thematik äußern konnten. Die Selbstaussagen in der Form von Kommentaren wurden als Postings eingebracht, Sie waren in ihrem Umfang eher begrenzt (zwischen 50 bis 400), doch nichtsdestotrotz reflektieren sie Bevölkerungsstichproben oder Ausschnitte der jeweiligen individuellen Geisteshaltungen, die einerseits den Wunsch für ein ewiges Leben entweder ohne Einschränkung oder mit Vorbehalt bejahen und andererseits denjenigen, die ein ewiges Leben ablehnen. Nach dem Survey der „Gutefrage“ sind ungefähr ein Drittel der Postings gegen ein ewiges Leben, ein Drittel ohne Vorbehalte dafür und ein Drittel mit Vorbehalte dafür (siehe gutefrage 2022). Bei den von Standard durchgeführten Surveys waren es weniger Postings, die für ein ewiges Leben plädierten.

Was die Vorbehalte für ein ewiges Leben betrifft, so lautet ein Posting wie folgt: „Wenn man körperlich und geistig gesund ist, nicht allzu gebrechlich ist, sein Leben selber meistern kann und nicht auf Hilfe und Pflege anderer angewiesen ist, warum nicht?“ (Kapstadt in: gutefrage). Ein andres Posting lautet: „Nur solange es mir gut geht, das heisst gesund und klar im Kopf, und dann selber entscheiden koennen!!“ (Cardinal in: ebda). Die Vorbehalte, sich ein ewiges Leben zu wünschen, wären zumeist, gesund zu sein und nicht abhängig zu werden. Für die Befürworter ohne Vorbehalte wäre es wunderbar, „länger zu leben und mehr zu erleben“, wie es Fabian Sommaville (In: Der Standard-a 2021) formuliert. Es gibt für die nach ewigen Leben trachtenden Menschen so viel zu erleben und zu genießen was in einem relativ kurzen Leben nicht ohne weiteres möglich ist. Für Roland Kleitsch ist es die Neugier an Wissen, die in ihm das sehnsüchtige Verlangen hegt, ewig leben zu wollen. „Es ist interessant zu wissen, was in 100 oder 1000 Jahren so alles möglich wird. Schon deswegen möchte ich ewig leben“ (In: YouTube 2021). Ein ähnliches Denken hat Schwedenbämbe entwickelt; „Ich würde gern wissen, wie es weitergeht“ (In: Der Standard-b 2021). Diesen Wissensdurst hat auch Early: „Es gibt so viele tolle Sachen. Ich glaube nicht, dass mir jemals fad werden würde. Solange ich meine Neugier auf Neues behalten kann, sehe ich da keine Gefahr“ (In: ebenda). In eine ähnliche Richtung geht das Statement von Timo Heitmann: „Ich würde am liebsten ewig leben. Meine wissenschaftliche Neugier und meine Leidenschaft für Weltraum und Raumfahrt sind grenzenlos wie die Möglichkeiten, die uns das Universum bietet“ (Heitmann in Quora 2022). Für Denis Durakovic wäre das ewige Leben „ein Traum. Ich hoffe, das wird was“ (In: ebenda). Eine weitere Person will ewig leben, „weil man viele Möglichkeiten und Chancen in der Zukunft hätte“ (Insider in: ebenda). Die Postings ohne Vorbehalte zeigen also, dass es das Leben mit seinen vielfältigen Möglichkeiten ist, seien es vielfältige neue Erlebnisse, Lebensgenuss oder Wissensdurst, das die Menschen bewegt, ewig leben zu wollen Des Lebens schönster Traum wäre für die Kommentator/innen eine lebens- und wissensfördernde Zukunft.

Literatur

Ajifo, Allan (2021). *Die Evolutionspsychologie des religiösen Glaubens.* Online: https://fuisedlearning.com/5-reasons-why-people-believe-god#menu-2 (abgerufen am 1.10.2021).

Aristoteles (1909). *Nichomachische Ethik.* Jena.

Cave, Stephen (2012). *Unsterblich. Die Sehnsucht nach dem ewigen Leben als Triebkraft der Zivilisation.* Frankfurt/Main.

Der Standard Wissen-a (2021). Ewiges Leben: was spricht dafür und was dagegen. Online: https://www.derstandard.de/story/2000112840504/ewiges-leben-was-spricht-dafuer-undwas-dagegen (abgerufen am 2.10.2021).

Der Standard Wissen-b (2021). Ewiges Leben eine schöne oder beklemmende Vorstellung. Online: https://www.derstandard.de/story/2000128377279/ewiges-leben-eine-schoene-oder-beklemmende-vorstellung (abgerufen am 2.10.2021).

Eichler, Klaus Dieter (1999). *Philosophie der Freundschaft.* Stuttgart/Leipzig.

Eichler, Klaus Dieter, im Gespräch mit Stephanie Rohde (2018). In: *Deutschlandfunk Kultur* vom 11.2.2018.

Elias, Norbert (1992). *Über den Prozess der Zivilisation.* Frankfurt/Main.

Foucault, Michel (1986). *Der Gebrauch der Lüste.* Frankfurt/Main.

Fromm, Erich (1981). *Werke.* Stuttgart.

Gutefrage (2022). Würdet ihr ewig leben wollen. Online: https://www.gutefrage.net/frage/wuerdet-ihr-ewig-leben-wollen (abgerufen am 1.6.2022).

Hellerich, Gert (2017). *Das Prinzip Leben. Lebensbejahung im Alltag.* Berlin.

Kalus, Andreas (2020). Angst vor dem Tod. Ursachen und Bewältigungsstrategien. In *Focus Online* vom 25.4.2020.

Leitner, Michael (2018). Die Angst vor dem Sterben. Online: https://www.gesund.at/psych/thanotophobie/ (abgerufen am 2.10.2021).

Marx, Karl (1972). Kritik des Gothaer Programms. In: *MEW*, Band 19. Berlin.

Michel, Werner (2015). *Erlebnispädagogik.* Stuttgart.

Morgenstern, Christian (2018). Mein Papa sagt. Online: https://meinpapasagt.de/?s=Christian+Morgenstern (abgerufen am 3.10.2021).

Nietzsche, Friedrich (1994). *Werke.* Berlin.

Nietzsche, Friedrich (1891). *Also sprach Zarathustra.* Leipzig.

MDR Wissen (2018). FAQ: Wollen wir ewig leben? Sendung vom 29.10.2018.

Quora (2022). Wenn Du heute entscheiden könntest, wie lange würdest Du leben wollen? Online: https://de.quora.com/Wenn-Du-heute-entscheiden-koenntest-wie-lange-wuerdest-Du-leben-wollen (abgerufen am 1.6.2022).

Schmid, Wilhelm (2007). *Glück*. Frankfurt/Main.

Schmidt, Andreas (2003). *Freundschaft*. Freiburg.

Swami, Shrutpragya (2014). *Home itself is Heaven*. Raikot, India.

YouTube (2021). Ewiges Leben: Wunschvorstellung oder bald Realität. Online: https://www.youtube.com/watch?v=13bPbRONVXU (abgerufen am 3.10.2021).

2 Warum wollen etliche Menschen viele Jahre, aber nicht ewig leben?

Spaß am Leben haben – sollte diese These nicht der Grund für Langlebigkeit sein?

Es scheint so, als ob die überwiegende Mehrheit der Menschen das Leben liebgewonnen haben, sich des Lebens erfreuen, selbst wenn nicht alles so läuft, wie sie es sich wünschen. Sie mögen die Arbeit nicht gut finden, erfreuen sich aber des Konsums. Konsumgüter erfüllen multiple materielle Wünsche und tragen zur Lustbefriedigung bei. Soziologen stufen den in der Gesellschaft weitverbreiteten hedonistischen Lebensstil als Zeichen einer Spaßgesellschaft (englisch: leisure society) ein. Man sucht den Genuss und will sich ständig, teilweise sogar zu Tode amüsieren (Postman 1985). Selbst Nietzsche und Goethe stuften den Spaß oder die Lust im Leben sehr hoch ein, obwohl die gegenwärtigen plumpen Manifestationen einer Spaßgesellschaft, von Halloween bis zu Comedy Sendungen, von Karneval bis zur Raving Society, vom Rausch bis zur Ekstase wahrscheinlich nicht deren Vorstellungen von Lust entsprochen hätten. Für Nietzsche war die Ausrichtung auf Lust und Spaß eine willkommene Erscheinung nach der Dominanz der Kirche und ihrer Ernsthaftigkeit. Er schreibt: „Wir müssen die Dinge lustiger nehmen, als sie es verdienen, zumal wir sie lange Zeit ernster genommen haben, als sie verdienen" (Nietzsche, 1981 Band IV, Gedanken über moralische Vorurteile). Goethe empfiehlt den Menschen: „Weißt du, worin der Spaß des Lebens liegt? Sei lustig! – geht das nicht, so sei vergnügt" (Goethe 1827). Doch immer mehr Soziologen kritisieren diese Unterhaltungsindustrie und die individualistische Kultur, die ihr zugrunde liegt, weil sie unpolitisch sei und wenig Interesse an gesellschaftlichen Veränderungen zeige. Einige Veröffentlichungen wirken in den letzten Jahren auf eine Transformation der Spaßgesellschaft hin, wie z. B. Peter Hahne in seinem Buch *Schluss mit lustig* (2004) oder Neil Postman, der schon seit längerer Zeit in seinem Buch *Wir amüsieren uns zu Tode* (1985) die Unterhaltungsindustrie kritisiert hat. Die neue Entwicklung in den Sozialwissenschaften ist die Transformation von einer „Spaßgesellschaft“ hin zu einer „Erlebnisgesellschaft“.

Erlebniswerte: Bausteine für ein ewiges Leben?

Erlebnisse haben für Schulze, der die Erlebnisgesellschaft beschreibt und analysiert, einen aktiven Charakter, d. h. der Mensch ist dabei nicht passiv, sondern verarbeitet in seinem Innern das von außen auf ihn einwirkende Erlebnisangebot auf dem Markt. Dabei zeigt er bei der Erlebnisorientierung eine Art Gestaltungsfähigkeit und macht sich dabei auf die Suche nach seinem Glück (Schulze 2005). Langeweile wird dadurch vermieden, dass die Erlebnisangebote aufgrund der Erlebnisnachfrage ständig erweitert werden und es dadurch immer mehr Erlebnisorientierungen geben kann. Nach Schulze (ebenda) macht der Gebrauch einer Ware dem eigenen Erlebnis mit der bestimmten Ware zunehmend Platz. Jung stellt „einen Wandel vom Gebrauchswert zum Erlebniswert“ (Jung 2009, S. 187) fest. Der Erlebnismarkt bietet Waren an, deren Nutzen nicht nur im tatsächlichen Gebrauch der Ware liegt, sondern durch subjektive Deutungen, wie schön, gemütlich, ansehnlich usw. bestimmt wird. Nach Gauger haben Erlebniswerte „ihren festen Platz in einem authentischen Leben. Ein Ziel auf dem Weg ist, unser Leben dort wo es geht, schöpferisch so umzugestalten, dass wir möglichst viele Erlebniswerte darin unterbringen“ (Gauger k. D.).

Im Alter nimmt der Erlebniswert aufgrund mangelnder Gestaltungsfähigkeiten zunehmend ab. Die Besuche in Theatern, Konzerten und anderen kulturellen Einrichtungen nehmen ab, während die Besuche bei den diversen Ärzten zunehmen; es wird weniger gekocht, gebastelt oder gelesen, denn viele ältere Personen verspüren eine nachlassende Vitalität und mindern ihre Lebensqualität zudem dadurch, dass sie meinen, für eine Gestaltung des Lebens zu alt zu sein. Ihre verzerrte und bedrückte Wahrnehmung führt zu einem verminderten Antrieb, was wiederum neue Erlebnisorientierungen stark reduziert oder vielfach verunmöglicht und auf diese Weise den Spaß am Leben kaum mehr aufkommen lässt. Mit dem Verlust der Freude am Leben verfolgen sie nicht länger das Ziel der Langlebigkeit. Statt stark reduzierten Erlebnisorientierungen bei einer Anzahl von Senior/innen, die zumeist ihre Defizite vor Augen haben, gibt es aber auch noch Menschen im Alter, die trotz Krankheiten und Operationen immer noch ihre Potenziale erkennen und immer noch das Leben liebgewinnen. Sie sind eifrig dabei, Erlebnisangebote wahrzunehmen und darauf bedacht, immer wieder Neues im Leben zu erfahren. Sie sind offen für Anregungen ihrer Mitmenschen und sind daran interessiert, etwas Sinnvolles aufzubauen und tragen somit zu einem Fluss in ihrem eigenen Leben bei. Ihr Motto ist: „Gelebt wird heute, gestorben wird später" (Gluth 2018).

Selbstaussagen: Freude am Leben ja, das Leben genießen ja, aber nicht ewig leben wollen

„Das Leben ist dazu da, es zu genießen. Und das kann man nicht auf unbegrenzte Zeit" – so Stopeatmeat (In: Gutefrage 2021). Wahrscheinlich geht der Kommentator davon aus, dass jeder Mensch altert, krank und behindert werden kann und somit das Leben nicht mehr so genossen werden kann wie in jüngeren Jahren. Es wird häufig die Meinung vertreten, dass der alternde Mensch durch Krankheiten und Gebrechen gekennzeichnet werden kann und die Medizin oder andere Wissenschaften trotz vielfältiger Fortschritte nicht in der Lage sein werden, den menschlichen Körper maximal zu optimieren. Von dieser Prämisse aus wäre das unendliche Altwerden „eher eine Strafe als ein Geschenk", denn Schmerzen und Müdigkeit würden wohl das Alter bestimmen und das wäre nicht erstrebenswert. Mit ständigen Beschwerden alt zu werden, klingt für einige nach „Hölle".

Es ist jedoch fraglich, Alter mit Krankheit gleichzusetzen und dem Alter die Genussfähigkeit abzustreiten. Es wird immer wieder erwartet, dass Langlebigkeit Krankheit zur Folge haben muss und es wird ständig das gesunde Leben auf höchstens 80 Jahre begrenzt. „Ewigkeit wäre ein Alptraum und besser ist es gesund bis zum 80. Lebensjahr mit Freude durchzukommen" (Born to Climb In:YouTube 2021). Aber erleben wir nicht immer wieder, dass mithilfe Verbesserung der eigenen Lebensführung und aufgrund des wissenschaftlichen Fortschritts, insbesondere auch der Medizin, die Altersgrenze nach oben geschraubt werden kann.

Ein weiterer Einwand gegen ein ewiges Leben ist auf die Sinnhaftigkeit bezogen. Es wird befürchtet, dass, sollte das Leben 100–200 Jahre einfach immer so weiter gehen, es ohne Sinn sein würde. „Wie lange kann man das Leben ertragen, ohne irgendwann wahnsinnig zu werden? Wenn's einfach so weiter und weiter geht, ohne Sinn, Zweck und Ziel" (Marp Mc-Drive In: Standard Wissen 2021) Aufgrund unserer begrenzten Lebenszeit soll der Mensch einen Antrieb erhalten, während seiner Lebensspanne etwas Sinnhaftes zu verrichten. So sollen das Sterben und der Tod dem Menschen die Grundvoraussetzung eines sinnvollen Lebens ermöglichen. Doch Kritiker mögen einwenden, ob man den Sinn nicht im Leben selbst finden müsste, statt ihn durch den Tod bestimmen zu lassen.

Darüber hinaus sind viele Kommentatoren der Überzeugung, dass „Langeweile" gegen ein ewiges Leben sprechen soll. Im englischsprachigen Raum ist diese Tendenz des Sich-Langweilens als weit verbreitetes Boreout-Syndrom bezeichnet worden. „200 Jahre wären super, um alles zu erleben, was man will. Aber ich denke, danach wird es irgendwann langweilig" (Ozymandias in: ebenda). Oder: „Unsterblichkeit bedeutet aber unendliche Fadesse" (Pandoras_Box in: ebenda). Die Frage stellt sich, ob es im hohen Alter kaum mehr was zu erleben gibt, da man schon während seines Lebens so viel gesehen hat und neue Erfahrungen einen Seltenheitswert haben. Diese Meinung vertritt ein Kommentar in seinem Posting, wenn er wie folgt argumentiert: „Wenn sie alles schon mal gesehen, alles schon erlebt haben, alles schon getan haben, wo bleibt am Ende der Reiz am Leben? Was kann einem dann noch überraschen, vergnügen, interessieren?" (Icemanx97 in: ebenda). Ein weiterer Kommentar befürchtet eine Begrenzung der Möglichkeiten menschlicher Erfahrung im Falle einer Langlebigkeit mit der Folge eines langweiligen Lebens. „Irgendwann wäre man wohl ganz natürlich dazu bereit zu sterben, weil man schon Alles erlebt hat. Auch der beste Film wird nach 1000 x ansehen irgendwann fad" (Pandoras_Box in: ebenda). Ein weiteres Argument für ein längeres, aber nicht ewiges Leben manifestiert das folgende Posting: „Nein. Ich habe Nachkommen, die haben wiederum Nachkommen, – und alle brauchen einen Platz auf der Erde. Also muß man auch irgendwann einmal wieder Platz machen für die nächsten. Der Tod ist nun einmal ein Teil des Lebens. Und insofern – vielleicht ein wenig länger leben, das mag hier oder da angehen, aber ewig leben, – nein, das ist nichts“ (Fränticek in: Gutefrage 2021). Nicht wenige sind der Meinung, dass Überbevölkerung ein triftiger Grund ist, nicht ewig leben zu wollen, was im nächsten Kapitel aufgegriffen werden soll.

Ist ewiges Leben – ewige Langeweile?

Was heißt Langeweile? Julius Stucke argumentiert, dass bei Langeweile zu wenig los ist. „Es ist ereignisarm. Im Raum oder im Kopf. Und wenn der Kopf, also das Gehirn, in einer Zeit nur wenige Ereignisse oder Eindrücke feststellt – so eine Erklärung –, dann wird diese Weile eben lang. Länger, als wenn sie mit vielen Erlebnissen, Eindrücken unterbrochen ist“ (Stucke 2019), was weiter oben im Hinblick auf die Erlebnisgesellschaft erörtert wurde. Es stellt sich die Frage, warum ein ewiges Leben eine gähnende Langeweile heraufbeschwören sollte, Unendlichkeit unendliche Fadesse implizieren muss, warum der Reiz des Lebens bei älteren Menschen ausbleiben sollte oder sie keine Zukunft, keine Perspektive, keine positiven Aussichten mehr haben sollten.

Für Brüntrup bedeutet das ewige Leben nur dann ewige Langeweile, wenn die Menschen durch „Ziel- und Sinnlosigkeit“ gekennzeichnet werden können. Es hängt von den jeweiligen Menschen ab, was sie aus dem ewigen Leben machen (siehe Brüntrop im Gespräch mit Schlaug k. D.). Da Langeweile oft durch Unterforderung und Nichtstun hervorgerufen wird, und sich durch Stillstand kennzeichnen lässt, ist es sinnvoll, sich Ziele zu setzen, um immer wieder in die Zukunft hineinzuprojizieren. Diese entspringen, Nietzsche zufolge, aus dem Willen zur existenzialen Macht, etwas schaffen und gestalten zu wollen. Nietzsches Zarathustra forderte seine Zuhörer auf: „Es ist an der Zeit, dass der Mensch sich ein Ziel stecke. Es ist an der Zeit, dass der Mensch den Keim seiner höchsten Hoffnung pflanze“ (Nietzsche 1994, KSA 4, S. 19). Sich Ziele zu setzen, heißt also für Nietzsche Hoffnung zu hegen im Hier und Jetzt, dass die Welt nicht so bleiben muss, wie sie ist. Ziele entspringen aus dem Willen zur Macht, der fortwährend gestalten und dadurch sein Leben bejahen will. Diese Lebenshaltung kennt keine Langeweile.

Ohne Ziele und ohne Hoffnung wird ein ewiges Leben zum Alptraum. Daher ist es wichtig, die menschlichen Interessen und Gestaltungsmöglichkeiten im Alter nicht schwinden zu lassen. Gestaltungsinteressen machen uns – im Gegensatz zum passiven Konsumieren – aktiv und lebendig und tragen zur Überwindung der Langeweile bei. Sie zeichnen sich dadurch aus, dass sie uns dazu bringen, die Gegenwart wachsen zu lassen, indem in der Welt die ewige Neuheit entdeckt wird, die uns Rätsel aufgibt. So werden wir selbst in unserer Verwandlungskraft eine erfreulichere Zukunft hervorbringen. In diesem Kontext, der auf diversen Erlebnissen beruhenden vielfältigen Gestaltungen wird jeder Tag ein neuer mit neuen Herausforderungen. Von Langeweile kann hier keine Rede sein. Selbst im Alter könnte diese Verwandlungskraft mithilfe schöpferischer Tätigkeiten oder durch das Erlernen von Neuem erhalten bleiben.

Ewiges Leben – ewige Sinnlosigkeit?

Im Gegensatz zu den obigen Vorstellungen, dass ein ewiges Leben sinnlos sein könnte und nur aufgrund des Todes dem endlichen Leben ein Sinn abverlangt wird, stellt sich eher die Frage, wie und wodurch der endliche und der nach Ewigkeit strebende Mensch in diesem Leben sinnvoll leben könnte, denn ohne jeglichen Sinn im Leben wäre das Leben, ob die Person 30 oder 150 Jahre alt sein sollte, unbefriedigt und leer. Erst wenn der Mensch eine Sinnhaftigkeit im Leben erreicht hat, kann er das Leben genießen. Sinn ist stets „Menschen-Sinn“ (Nietzsche 1994, KSA 13, S. 50), d. h. er wird vom Menschen erzeugt und da jeder Mensch ein Individuum ist, ist die Sinnhaftigkeit entsprechend individuell geprägt. Nietzsche stellt eine Verknüpfung zwischen Ziel und Sinn her. Ein Ziel ist ein menschlich gesetztes Vorhaben für die Zukunft, das als sinnvoll erachtet wird oder sich ein Ziel zu setzen, impliziert normative Aussagen über die Zukunft zu machen, die etwas als wertvoll oder gut schätzen.

Ein Sinn im Leben wird auch eher gefunden, wenn die Lebensqualität der Menschen gestärkt wird. Diese Lebensqualität beruht aus einer sozio-ökonomischen Perspektive heraus auf einer „ausreichenden Ausstattung von materiellen und sozialen Ressourcen sowie dem Zugriff auf kollektive Güter im Kontext gesellschaftlicher Rahmenbedingungen“ (Motel-Klingebiel 2010). Diese Güter, ob Bildung oder Gesundheit, müssen individuell angeeignet werden, um subjektives Wohlbefinden zu realisieren (ebenda). Nach Hardegger gehört zur individuellen Lebensqualität u. a. die von Individuen benötigten Gesundheitsressourcen, ein lebenslanges Lernen und eine bestimmte Gestaltungsfähigkeit der Arbeit (siehe Hardegger 2020). Bei der gesundheitsbezogenen Lebensqualität sind neben der körperlichen Gesundheit auch die psychische/geistige und die soziale von Bedeutung (siehe weiter unten die Erörterung der Gesundheit und des Wohlbefindens). Lebenslanges Lernen hängt von den eigenen Zukunftsvorstellungen ab, indem Ziele in das Leben eingebaut werden, die dazu beitragen können, dass neue Fähigkeiten erlernt und neues Wissen angeeignet werden. Lebenslanges Lernen „würdigt den natürlichen Antrieb des Menschen zu erforschen, zu lernen und zu wachsen, und ermutigt uns, unsere eigene Lebensqualität und unseren Selbstwert zu verbessern, indem wir auf die Ideen und Ziele achten, die uns inspirieren“ (Valamis 2019). Nach Vaupel und Hofäcker (2009) muss das lange Leben gelernt werden. Dabei ist Bildung eine wesentliche Investition für ein langes Leben. Sie ist das Fundament, „auf dem Menschen ihr Leben eigenverantwortlich führen, sich beruflich und persönlich entwickeln und ihren Lebensunterhalt sichern können“ (ebenda, S. 383 f.). Was Arbeit anbetrifft, so müsste sie, sollte der ältere Mensch noch in institutionelle Zusammenhänge eingebunden sein, bedürfnisfreundlicher sein und ihm mehr Einflussmöglichkeiten auf seine Arbeit gewähren, was ihn zufriedener machen könnte als nur fremdbestimmt und entfremdet tätig sein zu müssen. In seiner Ruhestandsphase könnte der Mensch selbstgestaltenden Tätigkeiten nachgehen, seien es abwechslungsreiche Gartenarbeiten, basteln und werkeln, lesen, spielen und viele andere, was zur individuellen Zufriedenheit sowie persönlichen Erfüllung beisteuern könnte.

Literatur

Brüntrop, Godeband im Gespräch mit Klaus Schlaug (K. D.). Ewiges Leben, ewige Langeweile? Online: https://mk-online.de/meldung/ewiges-leben-ewige-langeweile.html (abgerufen am15.8.2021).

Der Standard Wissen (2021). Ewiges Leben: was spricht dafür und was dagegen. Online: https://www.derstandard.de/story/2000112840504/ewiges-leben-was-spricht-dafuer-undwas-dagegen (abgerufen am 17.8.2021).

Gauger, Andreas (k. D.). Selbstwertgefühl. Online: https://mymomk.de/authentisch-werte/ (abgerufen am 20.8.2021).

Gluth, Susan (2018). Very senior – Attitude is everything (Gestorben wird Morgen). Online: https://susangluth.de/very-senior-film/ (abgerufen am 20.8.2021).

Goethe, Wolfgang von (1827). *Gedichte, Ausgabe letzter Hand, Zahme Xenien 1.* Stuttgart.

Gute Frage (2021). Unsterblichkeit: ja oder nein. Online: https://www.gutefrage.net/frage/unsterblichkeit-was-waeren-die-Vorteile-und-nachteile (abgerufen am 10.10.2021).

Hahn, Peter (2004). *Schluss mit lustig: Das Ende der Spaßgesellschaft*. Laar.

Hardegger, Eike (2020). Alternsforschung: Hoffnung auf ein ewiges Leben. In: *BR Wissen* vom 22.12.2020.

Herden, Birgit (2012). Psychologie: Langeweile und Ablenkungen. Online: https://www.zeit.de/zeit-wissen/2012/06/psychologie-langeweile/ablenkungen/seite-3 (abgerufen am 22.8.2021).

Jung, Michael (2009). *Die Erlebnisorientierung als Erwerbsorientierung*. Hamburg.

Motel-Klingebiel, Andreas et al. (2010). *Altern im Wandel. Befunde des Deutschen Alterssurveys (DEAS)*. Stuttgart.

Nietzsche, Friedrich (1981). *Werke, Band II*, Morgenröte, 4. Kapitel, Gedanken über die moralischen Vorurteile. Frankfurt/Berlin/Wien.

Nietzsche, Friedrich (1994). *Werke*. Berlin

Postman, Neil (1985). *Wir amüsieren uns zu Tode*. Frankfurt am Main.

Schulze, Gerhard (2005). *Die Erlebnisgesellschaft*. Frankfurt am Main.

Stucke, Julius (2019). Die kleinste Schwester des Todes. In: *Deutschlandfunk Kultur* vom 2.7.2018.

Valamis (2019). Lebenslanges Leben. Online: https://www.valamis.com/de/hub/lebenslanges-leben (abgerufen am 26.8.2021).

Vaupel, J. W. und Hofäcker, D. (2009). Das lange Leben lernen. In: *Zeitschrift für Erziehungswissenschaft*, 12, 383–407.

YouTube (2021). Ewiges Leben: Wunschvorstellung oder bald Realität. Online: https://www.youtube.com/watch?v=13bPbRONVXU (abgerufen am 3.10.2021).

3 Ewiges Leben und die möglichen Konsequenzen für die Erde und die gesellschaftlichen Systeme

Überbevölkerung und sozio-ökonomische Probleme

Ein wesentliches Problem des Immer-älter-Werdens könnte sich negativ auf die Erdbevölkerung auswirken, denn lebten 1950 rund 2,5 Milliarden Menschen auf der Erde, so waren es 2020 bereits über 7 Milliarden und es wird davon ausgegangen, dass es 2050 beinahe 10 Milliarden sein werden. Die Folge wird, aller Wahrscheinlichkeit nach, manchen Zukunftsforscher/innen zufolge, ein Mangel an Nahrungsmitteln und Trinkwasser sein, was zu Konfrontationen der Menschen und der Länder untereinander führen könnte, denn Not, Hunger und Durst wirbelt die Bevölkerung auf, wenn ihre Grundbedürfnisse nicht befriedigt werden. Darüber hinaus könnte die Suche nach Nahrungsmitteln und Trinkwasser Migrationsbewegungen auslösen. Menschen aus dem Süden des Globus werden wahrscheinlich in den Norden ziehen und diese Bewegung beruht zum einen darauf, dass sie ihre Existenz absichern wollen und sie sich zum anderen auch nach einem besseren Leben oder einer besseren Lebensqualität aufmachen. Nach Gerbrands wird die Folge dieser Bewegung dazu führen, dass „Bevölkerungswachstum und Wohlstand miteinander in Konflikt geraten" (Gerbrands 2015). Es wird zu Bevölkerungsströmen aus Teilen Lateinamerikas nach Nordamerika und aus Teilen Afrikas und Asiens nach Europa kommen. Southwick bringt diese Problematik auf den Punkt, wenn er den Widerspruch zwischen dem Endlichen und Ewigen hervorhebt. „The earth is finite both in terms of physical size and resources, but the population is growing towards an infinite value" (Southwick 1996, Kapitel XV). Paul Ehrlich hat bereits 1968 ein Buch mit dem Titel *The Population Bomb* (deutsch *Die Bevölkerungsbombe*, 1973) veröffentlicht, in dem er darlegt, wie diese Populationsbombe einen gefährlichen Strudel von Hungersnöten, ökologischen Krisen und gravierenden Verteilungskämpfen auslösen könnte. Patrick Spät bezweifelt jedoch die These der Korrelation zwischen der Populationsbombe und den sich daraus ergebenden Hungersnöten und Umweltproblemen und nennt sie einen Mythos. Er argumentiert:

> „Es ist schlichtweg ein gezielt verbreiteter Mythos, dass Armut und Umweltprobleme von der sogenannten Bevölkerungsexplosion ausgehen. Jeder Medienbericht, jede Politikerrede und jede Volksinitiative, die das propagieren, wollen lediglich rassistische Ängste schüren und die Grenzen dichtmachen – dichter als sie es ohnehin schon sind. Außerdem dienen diese Behauptungen als Beruhigungsmittel dafür, dass nicht etwa unsere massive inhumane Ausbeutung, sondern die simple biologische Vermehrungstatsache der Grund allen Elends sei" (Spät 2013).

Nicht wenige Populationswissenschaftler sind der Meinung, der technologische Fortschritt sei in der Lage, die mit der Überbevölkerung in Verbindung stehenden Probleme zu lösen, denn die Menschheit sei bislang immer geistreich, erfinderisch und unternehmerisch gewesen (siehe Allison George 2009). So könnten z. B. mithilfe von Düngemitteln und Pestiziden der landwirtschaftliche Ertrag vergrößert werden, doch dieser technologische Schritt würde wiederum zu einem erhöhten Verbrauch der Ressource Wasser und zu Umweltbelastungen führen.

Andere Bevölkerungsanalysten sehen das Problem nicht in der Überbevölkerung, sondern im Überkonsum der reichen Länder, in welchen zu viele Rohstoffe verbraucht werden – ganz im Gegensatz zu den armen Ländern, die sich in einem ständigen Kampf ums Dasein befinden. So lautet deren Fazit, dass die Menschen in den Industriestaaten ihr Konsumverhalten ändern müssten, um den globalen Ressourcenverbrauch zu senken (siehe Stoppel 2020). Craig Morris argumentiert in Anlehnung an Jared Diamond, wie der Überkonsum und mit ihm die Verschwendung von Ressourcen problematischer als die Überbevölkerung in der dritten Welt sei (siehe Morris 2008). Einige kritische Stimmen deuten nicht die vermeintlich durch Ressourcenknappheit und Platzmangel hervorgerufene Bevölkerungsexplosion als das Problem; vielmehr liegt der Grund für Hunger und Armut, ihrem Denken zufolge, in der ungerechten Verteilung und der mangelnden sozialen Gerechtigkeit (Klingholz und Boote 2014).

Zweifelsohne könnte die Überbevölkerung auch dadurch gebremst werden, wenn die Geburtenrate in einer alternden Population zurückgehen würde. Mangel und Esche gehen auf drei Mittel gegen Überbevölkerung ein. Erstens sollten die Gesundheitsdienste in weniger- oder unterentwickelten Ländern verbessert werden, damit mehr Kinder überleben als die Ehepaare dachten, sodass sie mit weniger Kindern planen können. Zweitens ist Bildung das wirksamste Verhütungsmittel und in vielen Regionen der Welt mangelt es an ihr. Drittens könnten Projekte, Arbeitsplätze zu schaffen und junge Leute dafür zu qualifizieren, wirtschaftliche Perspektiven für die Menschen und für die betreffenden unterentwickelten Länder schaffen und auf diese Weise möglicherweise dazu beitragen, Armut und Hunger überwinden zu helfen (Mangel und Esche 2018).

Langlebigkeit und Gesundheitsförderung

Sind es zurzeit noch etwas über 20 Prozent der Bevölkerung in Deutschland, die über 65 Jahre alt sind, sollen es laut Prognose 2030 bereits 30 Prozent sein. Mit der Zunahme der älteren Menschen wird ein Anstieg der geriatrischen Erkrankungsrisiken, der Ko- bzw. der Multimorbidität erwartet (siehe Bundesverband Geriatrie 2010). Trotz der zunehmenden Erkrankungsrisiken im hohen Alter kommt es nichtsdestotrotz zu einer steigenden Lebenserwartung, aber leider parallel zu diesem Phänomen zu gesunkenen Kinderzahlen. Dieter Schimany bezeichnet diese Diskrepanz in der Veränderung von Fertilität und Mortalität, also den Rückgang der Geburten als „Alterung von unten“ und den Rückgang der Sterberaten als „Alterung von oben“ (Schimany 2005). Dieser mit Langlebigkeit verbundene Alterungsprozess führt nicht selten zu diversen Gesundheitsproblemen und zu einer Zunahme der diversen altersspezifischen medizinischen Behandlungsverfahren. Aber wie Wiebke Flor betont, darf das Altern nicht nur mit Einschränkungen gleichgesetzt werden.

> „Obwohl im Alter gesundheitliche Probleme und Beschwerden zunehmen, ist das Alter nicht gleichbedeutend mit Krankheit, Einschränkungen und Pflegebedürftigkeit. Der individuelle Lebensstil, persönliche Ressourcen, die soziale Integration sowie eine adäquate medizinische Betreuung können den Gesundheitszustand, die Lebensqualität und das Wohlbefinden erheblich beeinflussen. Sie sind damit Erfolg versprechende Ansatzpunkte für Gesundheitsförderung und Prävention" (Flor 2019).

Im Folgenden sollen die Themen Prävention und Salutogenese als gesundheitsfördernde Strategien vertieft werden, da sie die Säulen der Langlebigkeit sein sollen. Was versteht man unter dem auf das Altern bezogenen Begriff Prävention? Das Bundesministerium für Gesundheit definiert Prävention wie folgt:

> „Prävention ist im Gesundheitswesen ein Oberbegriff für zielgerichtete Maßnahmen und Aktivitäten, um Krankheiten oder gesundheitliche Schädigungen zu vermeiden, das Risiko der Erkrankung zu verringern oder ihr Auftreten zu verzögern. Präventive Maßnahmen lassen sich nach dem Zeitpunkt, zu dem sie eingesetzt werden, der primären, der sekundären oder der tertiären Prävention zuordnen. Des Weiteren lassen sich präventive Maßnahmen im Hinblick darauf unterscheiden, ob sie am individuellen Verhalten (Verhaltensprävention) oder an den Lebensverhältnissen ansetzen (Verhältnisprävention)" (Bundesministerium für Gesundheit 2019).

Andreas Kruse reduziert dagegen die Prävention auf zwei wesentliche Dimensionen, wobei die erste auf das Alter bezogen ist und sowohl die Primärprävention als auch Teile der Sekundärprävention umfasst, während er die zweite als die Tertiärprävention, inklusive Teile der Sekundärprävention als Prävention im Alter bezeichnet (siehe Kruse 2012, S. 25). Die auf das Alter bezogene Prävention will Krankheiten verhindern oder sie will ihnen zuvorkommen. Diese präventive Zielvorstellung ist möglich, wenn der Mensch in seinen früheren Lebensjahren ein gesundes Leben führt, er körperlich und geistig aktiv ist und eine gewisse Leistungskapazität bis ins hohe Alter bewahrt. Zweifelsohne müssen auch die Lebensbedingungen mitspielen. Die Menschen müssen sozial akzeptiert und unterstützt werden, die Arbeitsbedingungen dürfen nicht durch Burnout oder Boreout geprägt sein und das Wohnumfeld muss Wohlbefinden ermöglichen. Bei der Prävention im Alter wird der Schwerpunkt dagegen von der Erhaltung der Gesundheit mehr auf die Vermeidung von Krankheiten gelegt. So sollen z. B. Stürze, Druckgeschwüre oder Infektionen (gegenwärtig im Corona-Zeitalter von enormer Bedeutung) im Alter vermieden werden und es soll ein bestimmter Leistungszuwachs und eine angemessene Lebensqualität erreicht werden. Die Präventionsstrategien reflektieren im Gegensatz zur Pathogenese salutogenetische Vorstellungen, wie sie von Antonovsky entwickelt worden sind. Sie beruhen auf drei Eckpfeilern menschlichen Wohlbefindens, die bis ins hohe Alter hinein Stützen eines gesunden Lebens sein können: erstens körperliches Wohlbefinden, zweitens psychisches Wohlbefinden und drittens soziales Wohlbefinden. Körperliches Wohlbefinden impliziert die Befriedigung der Grundbedürfnisse. Das positive körperliche Befinden ist, wie von Ärzten immer wieder empfohlen wird, durch gesunde Ernährung und bestimmte Lebensweisen, wie viel Bewegung und Stressvermeidung zu ermöglichen oder falls Stress bereits ein Teil der menschlichen Wirklichkeit ist, er durch spezifische Techniken abgebaut werden sollte. Psychisches Wohlbefinden legt Wert auf Selbstbestimmung, Selbstregulierung sowie Selbstgestaltung. Darüber hinaus soll psychisches Wohlbefinden auf einem erfüllten Leben beruhen, in welchem die menschlichen Fähigkeiten und Potenziale ausgeschöpft werden. Soziales Wohlbefinden ist durch soziale Akzeptanz und Wertschätzung geprägt und auf Geborgenheit, Bestätigung und Unterstützung durch die Mitmenschen ausgerichtet. Diese diversen Ebenen des Wohlbefindens bieten gewisse Schutzfunktionen gegenüber Krankheiten und können zur Langlebigkeit beisteuern (siehe Antonovsky 1997). Die zugrundeliegende These ist die, dass derjenige, der sich im Alltag wohl fühlt, lange leben kann.

Renten im höheren Alter

Mit der höheren Lebenserwartung schnellt auch die Anzahl der Rentner/innen in die Höhe. Bei gleichzeitigem Geburtenrückgang gibt es zu wenige

Beitragszahler, die in das Rentensystem einzahlen, sodass große finanzielle Probleme auf die Rentenkassen zukommen können. Hertwig beschreibt die Problematik wie folgt:

> „1970 betrug die Lebenserwartung eines neugeborenen Mädchens in Deutschland 73,4 Jahre, die eines neugeborenen Jungen 67,2 Jahre. Fast 50 Jahre später gehen die entsprechenden Prognosen bei Frauen von 84,1 Jahren und bei Männern von 79,1 Jahren aus. So sehr wir uns individuell über die zusätzliche Lebenszeit freuen können, für die gesellschaftlichen Sicherungssysteme stellt sie ein Problem dar" (Hertwig 2019).

Eine längere Arbeitszeit und ein späterer Eintritt ins Rentenalter müssten daher die logische Folge von Langlebigkeit sein. Viele Institutionen, wie der Arbeitgeberverband, die Bundesbank, das Ifo-Institut, die EU-Kommission und auch der IWF sowie die OECD, drängen auf eine Erhöhung des Renteneintrittsalters, um die Rentenkassen zu stabilisieren. Japan wird immer als Paradebeispiel für langes Arbeiten zitiert, wobei es nicht ungewöhnlich ist, Menschen mit 80 Jahren noch arbeiten zu sehen. Es gibt schon jetzt in vielen Ländern der Welt Arbeitende, die aus Gründen einer höheren Rente einen späteren Renteneintritt in Kauf nehmen, selbst wenn die Tätigkeit entfremdend und im Alter belastend sein sollte. Anderen älteren Menschen wiederum macht die Arbeit Spaß, insbesondere dann, wenn sie schöpferische Aspekte implizieren sollte oder bei manch einem Menschen, sollte er im hohen Alter allein leben und zusätzlich auf sich selbst zurückgeworfen werden, da der jeweilige Partner oder die Partnerin, wie auch Freund/innen verstorben sind, bleibt die Arbeit ein soziales Mittel, um Kontakt zu anderen Kollegen aufrecht zu erhalten.

Natürlich beobachtet man immer wieder Revolten gegen die Heraufsetzung des Rentenalters, wie z. B. in Frankreich und Italien, denn für viele Menschen ist die Arbeit sehr anstrengend und zehrt an den Kräften und an ihrem psychischen und geistigen Wohlbefinden. Sie sind der Meinung, nach harter Arbeit endlich eine Rente verdient zu haben. Bei der Rentendebatte sollte wahrscheinlich unterschieden werden zwischen denjenigen, die noch fit und gesund im Alter sind, was eine längere Arbeitszeit mit sich bringen könnte und denjenigen, die nicht mehr so fit sind und ins gesetzliche Rentenalter eintreten sollten, denn bereits jetzt wird ja Menschen mit schwerwiegenden Gesundheitsproblemen weit vor Eintritt ins Rentenalter eine Erwerbsminderungsrente gewährt. Tagesschau.de berichtet außerdem, dass nach Antworten des Bundesinnenministeriums auf Anfrage der Linksfraktion jeder fünfte Arbeitende in Deutschland nicht das 69. Lebensjahr erreicht. Sollte das Rentenalter in einiger Zeit auf 70 Jahre heraufgesetzt werden, dann würde dieser Schritt nach Sabine Zimmermann (2016) „Schuften bis zum Umfallen“ bedeuten. Für sehr viel Arbeitende mag das zutreffend sein, doch andere mögen noch fit sein und auch diese Erhöhung des Rentenalters durchstehen können. Sollte die Berufsarbeit außerdem noch Gestaltungsmöglichkeiten gewähren und den Arbeitenden Freude bereiten, wäre es kein Problem, bei Langlebigkeit ein höheres Renteneintrittsalter in Kauf zu nehmen.

Überbevölkerung und ökologische Probleme

Ein großes ökologisches Problem der Gegenwart ist der Klimawandel, der eine Folge der erhöhten Emission von Treibhausgasen ist, die durch Autofahren, Flugverkehr, Kohleanlagen, Energieaufwand, wie Heizen, Kühlen, Kochen, Waschen, Reinigen entstehen. In dem von Esther Gonstalla herausgegebenen Klimabuch (2019) wird sehr deutlich gezeigt, wie der Klimawandel Dürre und Hitzewellen auf der einen Seite und Stürme sowie Überschwemmungen auf der anderen Seite verursachen kann. Unsere Existenz steht auf dem Spiel. Der langlebige Mensch und der Planet Erde sind in Gefahr, durch die globale Erwärmung vernichtet zu werden. Nach Klingholz ist „ein Land übervölkert, wenn die Menschen, die dort leben, mehr Natur verbrauchen, als sich im gleichen Zeitraum regeneriert, und wie es so nicht weitergehen kann, wenn sie mehr Schadstoffe hinterlassen, als die natürlichen Kreisläufe abbauen können“ (Hellwig im Gespräch mit Klingholz 2021). Es ist einleuchtend, dass mehr Menschen mehr Ressourcen verbrauchen und dadurch die Umwelt mehr belasten. Hauptsächliche Treibhausverursacher sind China, die USA, Indien, Russland und zur Überraschung vieler, nicht Afrika, das den höchsten Bevölkerungszuwachs verzeichnet. Aus diesem Grunde gelangen auch einige

Bevölkerungsforscher zu der These, nicht die Bevölkerungsexplosion sei das Hauptproblem für die Klimakrise, sondern „entscheidend ist tatsächlich der Lebensstil" oder „entscheidend ist, wie wir leben und produzieren" (Georg Ehring im Gespräch mit Adolf Lesch 2019). Mehr als 90 Prozent der Klimaforscher/innen sehen den Menschen als Verursacher des gegenwärtigen Klimawandels. Auf dem Welttag der Meteorologie wurde in einer gemeinsamen Stellungnahme an die Öffentlichkeit Folgendes festgehalten:

> „Die Auswirkungen der vom Menschen produzierten Treibhausgase auf das Klima sind zunehmend und überwältigend offensichtlich. [...] Wir wollen ausdrücklich betonen, dass die Welt ihren Einsatz deutlich erhöhen muss, um die Ziele von Paris zu erreichen, damit sie mit den Erkenntnissen des Weltklimarates übereinstimmen. Alle Regierungen werden daher ihre Anstrengungen verstärken müssen, indem sie schnelle und ehrgeizige Maßnahmen ergreifen, darunter auch die Unterstützung derjenigen, die weniger Möglichkeiten haben" (Cook 2021).

Der Wissenschaftler Latif „plädiert für eine ‚Allianz der Willigen'. Man dürfe nicht auf den buchstäblich Letzten warten. So sei ein ambitionierter Klimaschutz nicht möglich" (Deutschlandfunk 2021). Man kann also nicht umhin, zu erkennen, dass Langlebigkeit eines wirksamen Klimaschutzes bedarf.

Literatur

ANTONOVSKY, ANTON (1997). *Salutogenese. Zur Entmystifizierung der Gesundheit.* Tübingen.

Bundesministerium für Gesundheit (2019). Prävention. Online: https://www.bundesgesundheitsministerium.de/service/begriffe-von-a-z/p/praevention.html (abgerufen am 30.9.2021).

Bundesverband Geriatrie (2010). Weißbuch Geriatrie. Stuttgart.

COOK, JOHN (2021). Klimafakten.de. Online: https://www.klimafakten.de/behauptungen/behauptung-es-gibt-noch-keinen-wissenschaftlichen-konsens-zum-klimawandel (abgerufen am 29.9.2021).

Deutschlandfunk (2021). Klimaforscher Latif. „Allianz der Willigen“ im Klimaschutz – 29.10.2021.

Ehring, Georg (2019). „Entscheidend ist tatsächlich der Lebensstil. Gespräch mit Adolf Lesch“. In: *Deutschlandfunk* vom 7.8.2019.

Ehrlich, Paul (1973). *Die Bevölkerungsbombe*. Frankfurt/Main.

Flor, Wiebke (2019). Altern und Gesundheitsförderung. Online: https://leitbegriffe.bzga.de/alphabetisches-verzeichnis/altern-und-gesundheitsfoerderung/ (abgerufen am 30.9.2021).

Gerbrands, Paul (2015). Überbevölkerung. Online: https://www.overpopulationawareness.org/de (abgerufen am 28.9.2021).

George, Allison (2009). Population: Technology will save us. In: *New Scientist* – 26.9.2009.

Hellwig, Silke (2021). Wir sind auf dem falschen Weg. Gespräch mit Rainer Klingholz. In: *Weser Kurier* vom 28.3.2021.

Hertwig, Ralf (2019). Zunehmendes Alter bei Rentendebatte einbeziehen. In: *Tagesspiegel* vom 25.3.2019.

Klingholz, Reiner und Boote, Werner (2014). *Wie viele Menschen verträgt die Erde.* Frankfurt/Main.

Kruse, Andreas (2012). Gesundheit im Alter – der Beitrag zur Prävention. Online: https://www.gesund-aktiv-aelterwerden.de/fileadmin/userupload/gaew/Bundeskonferenzen/Bundeskonferenz_2012/Vortraege/Prof-Kruse.pdf (abgerufen am 1.10.2021).

Mangel, Verena und Esche, Benjamin (2018). Wie die Überbevölkerung gebremst werden könnte. Online: https://www.quarks.de/gesellschaft/wie-die-ueberbevoelkerung-gebremst-werden-koennte/ (abgerufen am 2.10.2021).

Morris, Craig (2008). Nicht der Mensch, sondern der Überkonsum ist das Problem. Online: https://www.heise.de/tp/news/Nicht-der-Mensch-sondern-der-Ueberkonsum-ist-das-Problem-1987859.html (abgerufen am 3.10.2021).

Schimany, Peter (2005). Die alternde Gesellschaft. Online: https://www.ssoar.info/ssoar/bitstream/handle/document/67845/ssoar- (abgerufen am 4.10.2021).

Southwick, C. H. (1996). *Global Ecology in Human Perspective*. Oxford.

Stoppel, Kai (2020). Spezies mit ungewisser Zukunft. Wie viele Menschen können auf der Erde leben? In: *NTV* vom 11.Juli 2020.

Spät, Patrick (2013). Der Mythos der Überbevölkerung. Online: https://www.heise.de/tp/features/Der-Mythos-der-Ueberbevoelkerung-3398821.html (abgerufen am 4.10.2021).

Tagesschau.de (2021). Jeder Fünfte stirbt vor 60. Lebensjahr. Online: https://www.tagesschau.de/inland/rentenalter-die-linke-anfrage-fraktion-101.html (abgerufen am 4.10.2021).

Zimmermann, Sabine (2016). Rente mit 70 bedeutet Schuften bis zum Umfallen. Online: https://www.linksfraktion.de/themen/nachrichten/detail/rente-mit-70-bedeutet-schuften-bis-zum-umfallen/ (abgerufen am 5.10.2021).

4 Länger leben – besser leben

Langlebigkeit: der kontinuierliche Blick auf die Gesundheit: Vermeidung von Stress

Die meisten Menschen wollen länger leben, um einerseits das Leben solange wie nur möglich zu genießen und um andererseits den für sie so schrecklich erscheinenden Tod zu vermeiden. Beide mögen triftige Gründe für Langlebigkeit sein. Aber das Problem besteht darin, dass viele Menschen länger leben wollen, doch nur wenige sind gewillt, ihren Lebensstil zu ändern und sich darum zu bemühen, auch besser und gesünder zu leben (Ehrenreich 2018). Es ist bereits Allgemeinwissen, dass es eine bestimmte Lebensführung des Menschen ist, die ihm ein längeres Leben beschert, wie z. B. gesunde Ernährung, viel Bewegung, nicht Rauchen, nicht zu viel Alkohol trinken, Stress im Alltag zu vermeiden u. a. Dieses Wissen wird auch von nicht wenigen Personen als gesundheitsfördernd in die alltägliche Praxis umgesetzt. Es besteht zwar auch ein Wissen über prophylaktische Vorsorgemaßnahmen, wie routinemäßige körperliche Untersuchungen, Impfungen, wiederholte Blutuntersuchungen, Ergometrie, Ultraschalluntersuchungen und andere ärztliche Gesundheitsstrategien, doch die Nachfrage nach diesen prophylaktischen Möglichkeiten ist leider nicht überwältigend, obwohl ja klar sein müsste, dass vorbeugen besser als behandeln ist – eine Botschaft, die von Medizinern und Krankenkassen immer wieder propagiert wird. Es wird von Gesundheitsexperten fortwährend darauf hingewiesen, dass es Aufgabe und Verantwortung des einzelnen Menschen sei, für sich und seine Gesundheit Sorge zu tragen. Bei gesunder Lebensführung würden, so die Mediziner, weniger Krankheiten auftreten, denn jeder Mensch soll seiner Gesundheit Schmied sein, indem er gesund lebt und sich Vorsorgeuntersuchungen unterzieht. Viele Werbespots der Krankenkassen wollen die Menschen überzeugen, mithilfe von Vorsorgemaßnahmen, kostspielige Krankheitskosten zu vermeiden.

Ihre Gesundheit zu pflegen, impliziert neben der oben erwähnten gesunden Lebensführung, die zwar auch prophylaktischer Natur ist, sich speziellen prophylaktischen Maßnahmen zu unterziehen, um Krankheiten zu vermeiden. In spätmodernen Gesellschaften ist es besonders der Stress, der in einigen Gesellschaften immense Ausmaße angenommen hat und ein längeres Leben in Frage stellt. Wissenschaftler vertreten gegenwärtig jedoch die Auffassung, dass beim Stress unterschieden werden muss zwischen dem „Eustress" und dem „Disstress". Schon vor vielen Jahren hat Selye (1976) die Differenzen zwischen den beiden erörtert. Während die erste Form von Stress von der Anspannung wieder zur Entspannung führt, der Organismus sich wieder erholen kann, fehlen bei der zweiten Form des Stresses die Entspannungsphasen und der Körper befindet sich deswegen in einem Dauerstress. Die Menschen sollen nach gewissen Berichten hundertmal so viel Disstress in gegenwärtigen Gesellschaften haben als die Vorfahren und es erscheint immer schwieriger die Stressoren unter Kontrolle zu bringen (siehe Body by Choice k. D.). Für Nirmal Orakh (k. D.) ist Stress „the biggest killer of our time", da er das Immunsystem schwächen und schwerwiegende Herzprobleme hervorrufen kann. Mit Stress werden die Menschen insbesondere in Großstädten konfrontiert, weil sie dort, im Gegensatz zu ländlichen Gebieten, oft Stress bei der Arbeit, die oft unter Zeitdruck verrichtet wird, erleben, sowie beim vorherrschenden Verkehr in den Städten, wo Stau während des Berufsverkehrs keine Seltenheit ist und wo zudem drängelnde Menschen noch sozialen Stress auslösen. Stress kann sich ebenso in der Partnerschaft manifestieren, in welcher es häufig zu Auseinandersetzungen kommen kann, oder bei schweren Verschuldungen, die zur quälenden Last werden können. Darüber hinaus können bestimmte Technologien, wie z. B. das Internet, das in der Sichtweise der Experten für Stress anfällig macht (siehe Stuttgarter Nachrichten vom 29.11.2016), insbesondere bei Jugendlichen zu einem digitalen Stress und sogar zu einer Sucht führen, wenn sie sich verpflichtet fühlen, sofort auf eine Text-Message zu antworten oder wenn sie der Meinung sind, sie müssten immer auf dem neuesten Stand sein, um mit anderen konkurrieren zu können. So wird die Erwartungshaltung oder der Gruppendruck der anderen zum eigenen Stressfaktor (Saferinternet.at 2019). Alle diese Stress-Situationen und viele mehr beeinträchtigen die Gesundheit und das Wohlergehen der Menschen und daher kommen immer mehr Forscher zu dem Ergebnis, dass Stress Langlebigkeit infrage stellt. So gibt es, Ankowitsch zufolge, Folgendes zu bedenken:

> „Dieser Stress werde vor allem dann gesundheitsrelevant, wenn der Einzelne sich nicht nur räumlich eingeengt und zugleich isoliert fühlt, sondern auch das Gefühl hat, sein eigenes Leben nicht im Griff zu haben und seine Umgebung nicht kontrollieren zu können" (2013, S. 441).

So sehnt sich manch einer nach einer stimulierenden Stadt, die weniger Stress verursacht und gut für die Psyche ist (siehe Adli 2017). Neben der stressbeladenen Großstadt ist für viele Menschen die Arbeit in den Städten mit Stress verbunden. Durch den stressigen Verkehr in Großstädten, insbesondere im Berufsverkehr, gelangen die Autofahrer/innen bereits stressbelastet zur Arbeit, wo sie erneut Stress in ihrer Arbeitswelt erfahren. Besonders sozialer und psychischer Stress manifestieren sich am Arbeitsplatz.

> „Soziale Stressfaktoren sind in erster Linie alle, die sich mit ‚Stress in der Arbeit mit Kollegen' umschreiben lassen, also Konkurrenzdruck, Konflikte und Mobbing. Ebenso gehört zu den sozialen Stressfaktoren natürlich der Umgang mit der Chefetage – unangenehmer Druck von oben wird auch als Bossing bezeichnet" (StepStone 2021).

Psychischer, Langlebigkeit beeinträchtigender Stress kann durch entfremdete und unzufriedene Arbeit, wie auch durch Termindruck oder Druck von oben und Überlastung durch zunehmende Arbeitsmengen entstehen.

Die Frage taucht auf, wie es möglich sein könnte, diesen gesundheitsschädigenden Faktor in den Griff zu bekommen, denn er wird von Bamberger als schleichender „Killer" (Bamberger 2012) bezeichnet, denn dieser Prozess emotionaler Erschöpfung und abnehmender Leistungsfähigkeit ist kaum zu stoppen. Er zehrt an der Gesundheit und reduziert die Lebensdauer. Er verursacht Kopfschmerzen, Magen- und Darmbeschwerden, Schlafprobleme, Ermüdungserscheinungen, hohen Blutdruck, Herzprobleme und andere alltäglichen Probleme. Stressbewältigungsstrategien sind zurzeit weit verbreitet. So soll kurzfristig tief durchatmen die Herzfrequenz verlangsamen, ein Spaziergang soll ebenso wie klassische Musik beruhigen, hin und wieder abschalten soll dazu beitragen, sich selbst neu programmieren zu können. Diese Strategien sollen kurzfristig den Stress reduzieren (siehe Combrosx k. D.). Längerfristig sollen Entspannungsübungen mit Ausfallzeiten, Meditationen und Änderung von Perspektiven, d. h. die Sicht auf die Situation verändern, helfen, Stress abzubauen, um sich selbst zu beruhigen und gelassener zu werden (ebenda). Auch der Kontakt mit der Natur soll stressabbauend sein.

> „Wenn Sie mit der Natur und der Natur in Kontakt kommen, können Sie sich den Stressfaktoren des Alltags entziehen. Mit der Zeit, die wir in Innenräumen verbringen (bei der Arbeit, beim Fernsehen usw.), verspüren viele Menschen den Drang, sich mit der Natur zu verbinden, die unerfüllt bleibt … Wenn Sie ein Stück Schönheit als Ort für Meditation, Kontemplation und Entspannung zur Verfügung haben, können Sie sich ein wenig von Stress befreien" (siehe Amenajari 2021).

Stressfreier Leben heißt besser und länger leben.

Beim Stress-Management fällt jedoch auf, dass die Strategien zumeist auf das Individuum zugeschnitten sind, obwohl die Stress bedingenden Rahmenbedingungen eigentlich zumeist sozialer und ökonomischer Art sein können. Wenn der sich zur Arbeitsstätte begebende Autofahrer Stress im Verkehr erfährt, können vielleicht Entspannungsübungen jedes Mal kurzfristig helfen, doch die Ursache bleibt bei jeder Autofahrt bestehen, außer es erfolgt eine neue Stadtplanung für den öffentlichen Verkehr oder es werden alternative Transportmöglichkeiten bereitgestellt. Das Gleiche gilt für den Arbeitsbereich. Statt dem Konkurrenzdenken müsste sich der Geist der Team-Arbeit manifestieren. Anstelle der immer noch üblichen Überordnung und Unterordnung in Institutionen oder der Macht der einen über die anderen, müsste jeder Arbeiter eigene Macht der Gestaltung oder mehr Selbstbestimmung im Arbeitsleben gewährt werden. Dann könnte die Arbeit möglicherweise weniger entfremdend und lustvoller werden. D. h. der Stress müsste an der sozialen und ökonomischen Quelle angegangen werden und nicht nur auf individuelle Stressbewältigungstechniken abgewälzt werden. Stressfreier in der Zukunft zu leben und damit auch länger leben können, hieße also auf gesellschaftliche, politische und wirtschaftliche Veränderungen hinzuwirken,

Das gute Leben

Der Begriff „gut“, der einem besseren und längeren Leben zugrunde liegt, ist philosophisch ethischer Natur und hat seine Wurzeln in der griechischen Antike. Was das gute Leben sein soll, ist in der Antike so tief und überzeugend wie nie zuvor verfasst worden und wurde auch in späteren Epochen nicht besser dargelegt. Nietzsche zufolge hat die Antike die Menschheit einen großen Schritt vorangebracht, während die Moderne uns in Bezug auf das gute Leben mehrere Schritte zurückgeworfen hat. Was verstehen die antiken Philosophen unter einer guten Lebensführung? Sie sollte, ihrer Auffassung entsprechend, nicht nur zur körperlichen, sondern auch zur psychischen und geistigen Gesundung beitragen. Die antiken Denker lehrten uns mithilfe des praktischen Philosophierens, wie wir gesünder und länger leben können. Ihnen zufolge sollen die Menschen einen Subjektivierungsprozess einleiten, nach welchem die Menschen in sich gehen und sich selbst erforschen, um das Gute, Schöne und Gesundheitsfördernde im Alltag zu verwirklichen, was zu einem längeren Leben beitragen könnte. In dieser Weise argumentiert z. B. Aristoteles in der Nichomachischen Ethik über den Zweck des Lebens und wie ein gutes Leben möglich sein könnte. Die erste Sichtweise ist die des genussvollen Lebens:

> „Unter dem Guten und der Glückseligkeit versteht im Anschluß an die tägliche Erfahrung der große Haufe und die Leute von niedrigster Gesinnung die Lustempfindung, und zwar wie man annehmen möchte, nicht ohne Grund. Sie haben deshalb ihr Genüge an einem auf den Genuß gerichteten Leben“ (Aristotes Einleitung 1. S. 4 f.).

Das auf den Genuß gerichtete Leben lehnt der antike Philosoph jedoch als gutes und glückliches Leben ab. Neben der niedrigen Gesinnung der Lustempfindung erörtert Aristoteles die zweite auf Geschäfte und auf das politische Leben ausgerichtete Orientierung, deren Zwecksetzung ihn ebenfalls nicht überzeugt:

> „Die vornehmeren Geister, die zugleich auf das Praktische gerichtet sind, streben nach Ehre; denn diese ist es doch eigentlich, die das Ziel des in den Geschäften aufgehenden Lebens bildet. Indessen, auch dieses ist

> augenscheinlich zu äußerlich, um für das Lebensziel, dem wir nachforschen, gelten zu dürfen" (ebenda).

Darüber hinaus argumentiert er bei seiner zweiten Sichtweise:

> „Das Leben dagegen zum Erwerb von Geld und Gut ist ein Leben unter dem Zwange, und Reichtum ist sicherlich nicht das Gut, das uns bei unserer Untersuchung vorschwebt. Denn er ist bloßes Mittel, und wertvoll nur für anderes" (ebenda).

So bleibt für Aristoteles nur die dritte Gesinnung, die für ihn auf das Gute und Glückselige ausgerichtet ist:

> „Die dritte Lebensrichtung ist die der reinen Betrachtung gewidmete; über sie werden wir weiterhin handeln" (ebenda).

In dieser dritten Sinnesrichtung betrachtet er in seinem Text zur Erreichbarkeit der Eudämonie in der Nichomachischen Ethik „das höchste Gut für den Menschen die im Sinne wertvoller Beschaffenheit geübte geistige Betätigung" (ebenda, Einleitung 2, S. 11–12), und für ihn gibt es eine Mehrheit von solchen wertvollen Beschaffenheiten. Ihm zufolge wird „die wertvollste Beschaffenheit die geistige Betätigung im Sinne der höchsten und vollkommensten unter allen diesen wertvollen Eigenschaften sein, dies aber ein ganzes Leben von normaler Dauer hindurch" (ebenda). So ist für den Menschen dasjenige Leben, „das der denkenden Vernunft entspricht, auch das glückseligste" (ebenda, IV, 2, S. 232). Für Aristoteles ist das vom Geist geleitete Leben das gute und somit auch das glückliche. Danach sollten die Menschen streben, denn diese Lebensweise ist gesundheitsfördernd und lebensverlängernd.

Auch die Epikureer und Stoiker bewerten das gute Leben als das glückliche Leben, das, wie bei Aristoteles, nicht losgelöst von der Vernunft sein kann. Es ist für die Epikureer die Suche nach dem Glück und die Vermeidung schmerzlicher Gefühle wie Angst vor dem Ungewissen und Bedrohlichen, insbesondere die Angst vor dem Tod, die zu einem längeren Leben führen können. Glück ist zwar das höchste Gut, doch es darf, im Gegensatz zu der Schlemmerei des Hedonismus und seinen ungebremsten Begierden, nicht losgelöst von der Vernunft sein. Lustvoll leben, heißt vernünftig und sittlich leben. Tierische Geschäftigkeit und das Streben nach Macht, Ruhm und Ehre sind nicht die Eckpfeiler eines guten Lebens, da die selbigen Stress verursachen und den Menschen unglücklich machen können (siehe Epikur 1988). Eine weitere antike Geisteshaltung, das Leben zu verlängern, sehen die Stoiker zum einen in der Gelassenheit, statt des durch Hektik und Stress getriebenen Menschen und zum anderen im Streben nach Weisheit, denn wie wir denken, bestimmt wie wir uns fühlen und Wohlgefühle wiederum stärken das Leben. Der glückliche und zufriedene Mensch hält außerdem Maß und erkennt, dass das, was genug ist, nicht zu wenig ist, Auf diese Weise findet er seinen Seelenfrieden, was wiederum gesundheitsfördernd und lebensverlängernd sein kann (siehe Seneca 1987–1989). Kitzler fasst die weise Lebenskunst der antiken Denker wie folgt zusammen:

> „Glück und Unglück liegen in der eigenen Seele – das war die einhellige Überzeugung der großen Denker der Antike. Daran hat sich bis heute nichts geändert. Wie immer die äußeren Umstände sind, wir können das Beste daraus machen. Je mehr uns das gelingt, umso zufriedener sind wir mit unserem Leben" (Kitzler 2017, Text auf dem Buchrücken).

Zweifelsohne sollte das Ziel eines jeden Menschen sein, sich selbst zu entwickeln und das eigene Wesen zur Entfaltung zu bringen. Solange der Mensch lebt, sollte er wirklich leben und vieles hängt vom jeweiligen Individuum ab, doch darf dies nicht implizieren, dass ein gutes Leben einzig und allein Sache des Individuums ist, sondern die sozialen, politischen und ökonomischen Gegebenheiten müssen günstige Rahmenbedingungen schaffen, die es dem Individuum ermöglichen, frei und gestalterisch tätig zu sein und stressfrei leben zu können. Es war die philosophische Lebenskunst der antiken Denker, das gute und das glückliche Leben als eine Einheit zu betrachten – eine Vorstellung, die in der Moderne wieder aufgegriffen wird – z. B. von Foucault. Er betrachtet die antiken Denker als wegweisend für die gegenwärtigen philosophisch ethischen Diskurse. Das gute Leben ist, wie dies in den damaligen Philosophien erforscht wurde, die Sorge um sich selbst, die impliziert, dass die Menschen sich um sich kümmern und die Aufmerksamkeit sich selbst zuwenden und sich selbst bestimmen müssen, statt von außen gesteuert zu werden (siehe Foucault 2009, S. 16). Das Streben nach dem Guten beinhaltet eine tägliche Bereitschaft zur Selbstreflexion und zur Blickveränderung. In der von der Antike übernommenen Lebenskunst ist für Foucault „das entscheidende Kunstwerk, um das man sich bemühen, der entscheidende Bereich, auf dem man ästhetische Werte anwenden muß, man selbst, das eigene Leben, die eigene Existenz" (Foucault 1984, S. 283, siehe auch Foucault 2007). Das Individuum will in seiner Selbstfürsorge, mithilfe von Selbstreflexion und Selbstöffnung sowie Achtsamkeit etwas werden, das es zu Beginn noch nicht war. Es will sich verändern, reinigen und so verwandeln, dass es besser und länger leben kann. Ebenso will Nietzsche in seiner hingebungsvollen Liebe zum Leben, das er als eine Kunst oder Dichtung würdigt (siehe Nietzsche 1994, KSA 3, S. 538), ein Werk entstehen lassen, das im Gegensatz zur Herdenmentalität einmalig ist. Das Gute kann für Nietzsche nicht einfach aus den gesellschaftlichen Vorgaben heraus übernommen werden, sondern es muss eine Auseinandersetzung mit den gegebenen Bedingungen erfolgen. Der Mensch sollte aus sich selbst heraus das gute Leben oder seine Lebenskunst in seiner Selbstfürsorge finden. Er sollte sich auf den Weg der Selbsterkenntnis und der Selbstgestaltung machen.

> „Jeder, der sich zu ihr bekennt, spricht damit aus: ‚Ich sehe etwas Höheres und Menschlicheres über mir, als ich selber bin, … damit endlich wieder der Mensch entstehe, welcher sich wohl und unendlich fühlt im Erkennen und Lieben, im Schauen und Können'" (Nietzsche 1994, KSA 1, S. 385).

Ein gegenwärtiger Vertreter des guten Lebens, der diese antike Art der Lebenskunst aufgreift und weiterverfolgt, ist Wilhelm Schmid. Seine beiden, sehr bekannt gewordenen Werke sind *Auf der Suche nach einer neuen Lebenskunst* (1991) und *Philosophie der Lebenskunst – eine Grundlegung* (1998). Der Autor geht auf die antiken Philosophen zurück, die das Leben als Kunstwerk betrachteten. Dabei war die Philosophie ein wesentlicher Faktor bei der Gestaltung des Lebens im Alltag. Die richtige Lebensführung beruhte auf der klugen, umsichtigen und vorausschauenden Sorge. An die Stelle der Pflicht tritt das kluge und reflexive Denken, statt eines unbedingten, allgemeinen ethischen Prinzips wird die individuelle Lebensführung betont. Menschen fragen nach der Lebenskunst, wenn das Leben im Hier und Jetzt wenig Sinn ergibt und Traditionen, Konventionen und gesellschaftliche Normen nicht mehr überzeugend sind und das Individuum sich um sich selbst zu sorgen beginnt (siehe Schmid 1998). Im Gegensatz zu modernen Praktiken, bei denen das Leben wie eine Maschine nach mechanischen Gesetzmäßigkeiten abläuft und das Leben des „Tik-Tak Menschen", der einer aufgezogenen „Alltagsuhr" entspricht (siehe Nietzsche 1994, KSA 4, S. 12), also im Prinzip berechenbar ist, ist das Selbst in der Entwicklung eines auf Lebenskunst ausgerichteten und der Einmaligkeit des Individuums entsprechenden Lebens sowohl Künstler und Kunstwerk zugleich (siehe Petzold 1999). Das Individuum will etwas Gutes und Schönes aus sich machen, es will etwas hervorbringen, worauf es selbst stolz sein kann und es von anderen in seiner Umgebung gewürdigt wird. Es sucht in seiner Lebensbejahung immerfort nach seinen neuen Gestaltungsmöglichkeiten, die ihm Sinn im Leben verleihen und seinen Lebensalltag in neuem Licht erstrahlen lassen und die Freude am Leben mehren. Bei diesen diversen Gestaltungen wird das Leben so geliebt, dass der Mensch in seiner ständigen kreativen Bejahung Freude und Glückseligkeit in seiner Lebenswelt erfährt, das ihn bewegt, ewig leben zu wollen (siehe Hellerich 2017, Kapitel VI).

Literatur

ADLI, MAZDA (2017). Stress in the City. Gütersloh. Online: https://www.amenajari.org/articles/stress-management/stress-management-techniques-for-all-types-of-stress.htlm (abgerufen am 1.10.2021).

Amenajari (2021). Gärtnern zum Stressabbau. Online: https://www.amenajari.org/articles/stress-management/gardening-for-stress-relief.html (abgerufen am 3.10.2021).

ANKOWITSCH, EUGENIE (2013). Stress in der Großstadt: Stadtplanung für gesunde Psyche. In: *Deutsches Ärzteblatt* vom Oktober 2013, S. 441.

ARISTOTELES (1909). *Nichomachische Ethik.* Jena.

Bamberger, Christoph zusammen mit Ana-Marie Bamberger (2012). *Die 50 besten Stress-Killer. Meine Work-Balance finden.* Stuttgart.

Body by Choice (k. D.). Is Stress the biggest Killer? Online: https://www.bodybychoicetraining.com/is-stress-the-biggest-killer/ (abgerufen am 5.10.2021).

Combrosx (k. D.). 10 einfache Stress-Management Techniken. Online: https://combrosx.info/gesundheit/24635-10-einfache-stress-management-techniken.html (abgerufen am 7.10.2021).

Ehrenreich, Barbara (2018). *Wollen wir ewig leben?* München.

Epikur (1988). *Philosophie der Freude, die Hauptlehrsätze, Spruchsammlung, Fragmente.* Frankfurt/Main.

Foucault, Michel (1984). *Der Gebrauch der Lüste.* Frankfurt am Main.

Foucault, Michel (2007). *Ästhetik der Existenz. Schriften zur Lebenskunst.* Frankfurt am Main.

Foucault, Michel (2009). *Hermeneutik des Selbst.* Frankfurt am Main.

Hellerich, Gert (2017). *Das Prinzip Leben: Lebensbejahung im Alltag.* Berlin.

Kitzler, Albert (2017). *Leben lernen – ein Leben lang. Eine praktische Philosophie.* Freiburg.

Nietzsche, Friedrich (1994). *Werke.* Berlin.

Petzold, Hilarion (1999). *Das Selbst als Künstler und Kunstwerk.* Düsseldorf.

Saferinternet.at (2019). Neue Studie: Immer mehr Jugendliche im digitalen Zeitstress. Online: https://www.saferinternet.at/news-detail/immer-mehr-jugendliche-im-digitalen-zeitstress/ (abgerufen am 4.10.2021).

Schmid, Wilhelm (1991). *Werke Auf der Suche nach einer neuen Lebenskunst.* Frankfurt am Main.

Selye, Hans (1976). *Stress in Health and Disease.* Woburn, MA.

Seneca (1987–1989). *Philosophische Schriften.* Darmstadt.

StepStone (2021). Stress und was du dagegen tun kannst. Online: https://www.stepstone.at/Karriere-Bewerbungstipps/stress-am-arbeitsplatz/ (abgerufen am 5.10.2021).

Stuttgarter Nachrichten (2016). Warum Muße so wichtig ist – Beitrag vom 24.11.2016.

5 Die Wissenschaften der Lebensverlängerung

Anti-Aging: Verjüngung des Menschen

Schon Achilles hatte im antiken Griechenland den Wunschtraum, das Leben in alle Ewigkeit zu erhalten und somit Krankheit und letztlich auch den Tod zu besiegen. In der Neuzeit war es Lucas Cranach, der in einem Gemälde, das die Menschheit seit eh und je beschäftigende Thema des Alterns darstellte, indem er alte Frauen malte, die auf der einen Seite in den Jungbrunnen einstiegen und auf der anderen Seite verjüngt herauskamen. Über Jahrhunderte war es die Sehnsucht der Menschheit nicht zu altern, erfüllt werden konnte der Wunsch jedoch nicht. In der Spätmoderne versuchten die Wissenschaftler dem Altern zu trotzen. Anti-Aging ist nunmehr zu einem Schlagwort geworden, welches das Altern hinauszögern und auf diese Weise einen Beitrag zur Langlebigkeit leisten will. Der 1993 von Medizinern in den USA auf einer Konferenz zur medizinischen Versorgung im Alter entwickelte Begriff des Anti-Agings hat Begeisterung bei Wissenschaftlern wie auch bei älteren Menschen ausgelöst, denn das Ziel der Anti-Aging Strategien ist es, dem Altern-Prozess beim Menschen Einhalt zu gebieten. Eine Menge Präparate auf dem Markt sollen in Form von Pillen und Serum zu einem langen Leben beitragen. Selbst Anti-Aging Kliniken wurden errichtet, um das Altern zu verhindern. Nicht lange, nachdem der Begriff Anti-Aging 1993 geprägt wurde, schossen die Veröffentlichungen in Form von Ratgebern, insbesondere in den USA, aus dem Boden. 1997 wurde das Buch *Anti-Aging, Secrets for a longer healthier Life* veröffentlicht (Heinerman 1997). In den Folgejahren erschienen weit mehr als hundert Buch-Veröffentlichungen zum Thema Anti-Aging. Fit und jung Formeln gegen das Altern erscheinen in der heutigen Zeit immer häufiger und sie intendieren, den älteren Menschen eine Lebenskunst zu vermitteln, nach welcher sie gesünder und zufriedener älter werden können (siehe z. B. Gatzk 2020 und Pransky 2014). Kennzeichnend für die diversen Anti-Aging

Programme sind die Ziele, eine strikte, selbstkontrollierende Lebensführung einzufordern, die nicht nur die Bereiche Ernährung und Bewegung, sondern auch die Kontrolle von Alltagsroutinen, Gedanken, Spontaneität, Begehren bis hin zu zellulären Prozessen umfasst. All die Anti-Aging Strategien sind darauf bedacht, „körperliche und geistige Gesundheit und Leistungsfähigkeit im Alter zu erhalten und zu verbessern und äußere Alterserscheinungen weniger sichtbar zu machen" (Spindler 2008, S 1415).

Powell und Chen (2021) kritisieren jedoch die zunehmenden Medizinierungsprozesse in der Anti-Aging Bewegung, denn es wird immer mehr davon ausgegangen, dass Aging etwas biologisch Abnormes sei. Spindler stellt diese Dominanz der Biomedizin wie folgt dar:

> „Die soziale und biologische Ko-Konstruktion alternder Körper findet im Falle von Anti-Aging überwiegend innerhalb eines stark biomedizinischen Diskurses des Altern statt, in dem soziale, psychologische, lebensweltliche und andere Aspekte von Alter sowohl im Hinblick auf die Beschreibung der Ursachen von Alter als auch auf Vorschläge für den individuellen und gesellschaftlichen Umgang damit tendenziell ausgeblendet werden" (Spindler 2008, 1416).

Der biomedizinischen Sichtweise zufolge, wird Aging als ein pathologisches Phänomen oder als eine universelle Krankheit kategorisiert, nach welchem die alternden Menschen ständiger Fürsorge bedürfen. Nickley und Waitz lehnen diese Sichtweise ab: „Aging does not cause disease and disease does not cause aging" (Nickley und Waitz 2017). Das Bundesministerium für Familie, Senioren, Frauen und Jugend proklamiert ähnliche Gedanken: „Die fürsorgerische Sicht auf das Alter muss durch eine an den Stärken und Gestaltungsspielräumen des Alters orientierte Sicht ergänzt werden" (BMFSFJ 2019, S. 24). Aus diesen Gründen muss „eine neue Kultur des Alterns konstruiert werden" (ebenda). Da Aging nicht als eine universelle Krankheit wahrgenommen werden soll, ist Spindlers Schlussfolgerung:

> „Das Alter muss daher über die biomedizinische Perspektive hinaus sozial und kulturell erforscht werden. Im Hinblick auf die Lebensfüh-

rung propagiert Anti-Aging für mehr Eigenverantwortung. Konstitutiv für Anti-Aging Programme ist die Forderung einer strikten, selbstkontrollierenden Lebensführung die nicht nur die Bereiche Ernährung und Bewegung, sondern auch die Kontrolle von Alltagsroutinen, Gedanken, Spontaneität, Begehren bis hin zu zellulären Prozessen umfasst" (Spindler 2008, S. 1416).

Epigenetik als Lebensverlängerung

Den sehnlichsten Wunsch der Verjüngung bzw. der Verlängerung des Lebens wird gegenwärtig von den biomedizinischen und genetisch ausgerichteten Wissenschaftlern in vielfältiger Weise aufgegriffen. David Sinclair bemüht sich z. B. darum, das Leben dadurch zu verlängern, dass das Altern der Menschen umgekehrt wird. Ihm zufolge wird das Altern durch Schäden des Epigenoms hervorgerufen. Daher macht sich Sinclair auf die Suche, wie und wodurch es möglich sein könnte, Gene wieder zu aktivieren, um auf diese Weise den beschädigten Organismus zu heilen. Sollten die Wissenschaftler in der Lage sein, die Zellteilung beliebig zu vermehren, könnte es zu einer „potenziellen Unsterblichkeit" kommen (siehe Sinclair 2019).

Auch für Peter Spork ist Altern ein epigenetischer Prozess, denn die Zellen verändern sich in der Weise, dass sie weniger gut arbeiten, sterben oder entarten. „Epigenetische aktive Enzyme, die solche Prozesse rückgängig machen oder verhindern können – beispielswese Sirtuine – gelten deshalb schon länger als Angriffspunkte für potenzielle Verjüngungspillen" (Spork 2015).

Nach Lara Puhlmann und anderen Wissenschaftler/innen gehen die alternden Zellen mit der Hirnstruktur einher. Ihnen zufolge spielen im Alterungsprozess die Telomere, die Schutzkappen der Chromosomen, eine zentrale Rolle. „Die Länge der Telomere gilt daher als Marker für das biologische Alter eines Menschen" (Puhlmann et al. 2019). Kürzere Telomere verkürzen die Lebensdauer, indem sie das Risiko erhöhen, altersbedingte Krankheiten zu entwickeln. Das Ziel ist es somit, Telomere zu verlängern, um ein langes Leben zu erreichen

Die Epigenetik ist also darauf bedacht, aus alten Zellen jüngere zu machen oder mithilfe von gewissen Zellerhaltungsmechanismen altershemmende Strategien einzuleiten. Es besteht Konsens, dass Zellen durch eine gesunde Lebensweise jünger bleiben sollen. Mit dem Motto „besser leben – länger leben", kann jeder Mensch auf seine eigene Lebensverlängerung hinarbeiten (siehe Bamsberger 2006). Ein weiteres Motto ist „länger besser leben", das in einigen Präventionsprogrammen immer wieder aufgegriffen wird. Ein an der Universität Bremen entwickeltes Projekt drängt darauf, die Lebensqualität sowie das Wohlbefinden mithilfe gesunder Ernährung, Verringerung des Alkoholkonsums, Nichtrauchen und die Förderung von Bewegung u. a. wesentlich zu verbessern (siehe Universität Bremen 2017).

Doch bei beiden Strategien der Lebensverlängerung handelt es sich zumeist nur um 10–20 Jahre. Für viele Wissenschaftler ist das zu wenig. Sie wollen über die gegenwärtigen 120 Jahre hinausgehen und peilen mindestens 200 Jahre, vielleicht sogar noch mehr – 500 bis 1000 Jahre an, um dem Alterungsprozess Einhalt zu gebieten (siehe Land der Gesundheit 2021). Nach Aubrey de Grey werden wir das Altern aufhalten können, „indem wir unseren Körper auf Zell- und Molekularbasis stärken". Er geht von einem „High-Tech-Zell-Tuning" in der Zukunft aus, wo Zellen nach ihrem Absterben automatisch ersetzt werden (De Grey in: Land der Gesundheit 2021).

Der Glaube an den Fortschritt ist ungebrochen. Einige Wissenschaftler wollen das Undenkbare möglich machen. Sie wollen das biologische Altern umkehren oder rückgängig machen und auf diese Weise den Schlüssel zur ewigen Jugend finden. Wissenschaftler sind auf der Suche nach dem einen Medikament „that rather than tackling individual diseases once at a time a single drug could treat all the diseases that arrive in old age at once"(The Conservation 2017). Der seit einigen Jahren kursierende Begriff des Transhumanismus setzt sich zum Ziel mithilfe von technologischem und pharmakologischem Fortschritt die bislang vorherrschenden biologischen Grenzen beim Menschen zu transzendieren. Das Jura Forum statiert:

> „Im Transhumanismus sollen die biologischen Grenzen des Menschen erweitert und überwunden werden. Dies soll geschehen mittels technologischer Entwicklungen, etwa aus der Nanotechnik, aber auch pharmakologische Mittel und gentechnische Eingriffe sollen benutzt werden können, um Krankheiten und Tod abzuschaffen und zusätzlich

die Fähigkeiten des Menschen in jeder Hinsicht – kognitiv, emotional, physisch – zu steigern" (Jura Forum 2021).

Der Transhumanismus greift den uralten Traum der Menschheit auf, biologische Begrenzungen der Menschheit zu überschreiten. Nach Christopher Coenen enthält der Transhumanismus, oft auch Posthumanismus genannt, diverse Visionen über technizistische Machbarkeiten beim Menschen. Die gegenwärtige Weltanschauung des Transhumanismus enthält „eine – mehr oder weniger ausgeprägt technokratische – Eschatologie in dem Sinne, dass sowohl die Perfektionierung des Individuums als auch der Welt als zu bewerkstelligende Aufgaben angesehen werden … Als Lenkerin der Evolution entwickelt der Posthumanismus Zukunftsvisionen, die vor allem eine Überwindung des Todes … annoncieren" (Coenen in: Böhm und Ott 2008, S. 10).

Nicht wenige Menschen kritisieren jedoch diesen technizistischen Machbarkeitsglauben. So unter anderem auch der britische Genetiker und Biochemiker sowie Nobelpreisträger Paul Nurse, der ewige Gesundheit als eine Illusion betrachtet.

> „Unsere Zellen können sich nicht korrekt in alle Ewigkeit teilen und im Gewebe zusammenarbeiten. Ich sehe nicht, wie wir den Gesamtverschleiß aus 50, 60 oder 70 Lebensjahren zurückdrehen können. Die Existenz nutzt sich ab und die Konsequenz ist, dass wir nicht ewig leben" (Nurse im Gespräch mit Stanislav Jervis 2018).

Insbesondere kommt, wie zu erwarten ist, viel Kritik aus den Reihen der Theologen. Katharina Klöcker kritisiert z. B.:

> „Ich spreche mich entschieden dafür aus, die Technik in einem menschenfreundlichen Sinn zu nutzen, um bessere Lebensbedingungen für alle zu schaffen. Der springende Punkt ist aber, dass die Technik uns nicht unverwundbar oder sogar unsterblich machen kann. In solchen Wunschbildern wird der schrankenlose Technikglaube des Transhumanismus greifbar. Ganz so, als könnten uns die Technologien erlösen" (Klöcker in Bucher 2020).

Für die Theologen ist es eine klare Sache, dass die Wissenschaft kein ewiges Leben ermöglichen kann, sondern nur Gott, wie weiter unten in den diversen Diskursen der Religionen aufgezeigt werden soll.

Biostasis/Kryonik: Auferweckung zu einem neuen Leben?

Kryonik kommt aus dem Altgriechischen und bedeutet Eis und wird manchmal auch Biostasis genannt. Der Vater der Kryonik ist der amerikanische Physiker Robert Ettinger, der mit seinem Buch *The Prospects of Immortality* Berühmtheit erlangt hat. Bezogen auf den Menschen, ist es die Strategie, statt nach dem Tod beerdigt oder kremiert zu werden, sich einfrieren zu lassen, um in fünfzig, hundert oder mehr Jahren, aufgrund wissenschaftlichen Fortschritts, sich zu neuem Leben erwecken zu lassen. Der erste Mensch, der diese Kryonik in Anspruch nahm, war der Amerikaner James Bedford, der sich 1967 wenige Stunden nach seinem Tod einfrieren ließ. Kryoniker hoffen, dass es „in der Zukunft eine Möglichkeit geben wird, diese Menschen zurückzuholen, wenn ihre Körper möglichst gut konserviert wurden. Dazu wird ihnen direkt nach dem Tod ein Frostschutzmittel injiziert. Gekühlt wird vor allem der Kopf, da es primär um den Erhalt des Gehirns geht. Ob das Wiederbeleben dieser Menschen eines Tages wirklich funktioniert, ist völlig ungewiss. Die Kryoniker argumentieren: Vor 120 Jahren galten auch Flugzeuge und Raumfähren als unvorstellbar – wer weiß, was man in 120 Jahren kann" (Schöngens 2019). Einige Wissenschaftler sind der festen Überzeugung, dass es in der Zukunft möglich sein wird, Menschen zu neuem Leben zu erwecken, andere bezweifeln dies und bewerten die kryonische Vorstellung als Utopie oder Science-Fiction (Krüger 2007). Wissenschaftsgläubige Menschen glauben daran und investieren viel Geld, damit sie in Zukunft noch einmal leben können, denn sie sind von den medizinischen Fortschritten überwältigt. Die kryonischen Wissenschaften machen ihnen Hoffnung auf ein zweites Leben. „Suozzi [eine Person, die sich einfrieren ließ] hat die Hoffnung nach eigener Aussage das Sterben erleichtert. ‚Ich finde es besser, auf diesen Fortschritt zu wetten, als zu verwesen', hat sie in ihrem Blog geschrieben" (Trechow 2013). Viele Menschen können den

Tod nicht ertragen, weil sie entweder Platzangst haben, bei einer Beerdigung mehrere Meter unter der Erde eingeschlossen zu sein oder weil sie höllische Angst vor dem Feuer haben, das sie einäschern soll. In einer unerträglichen Situation am Ende ihres Lebens wird Kryonik zur Heldin der Hoffnung. Wer eine starke Hoffnung hat, besiegt alle Ängste und Zweifel. Kryonik wird für sie der Weg zu einer erfreulicheren Zukunft. Selbst wenn es nur Science-Fiction sein sollte, von Bedeutung ist für die Person die innere Einstellung und die breitet Zuversicht auf ein Comeback aus der Gefrieranlage. Ähnlich wie in den Religionen, in denen der Glaube an die Auferstehung und das ewige Leben die Menschen stärkt, so gibt ihnen Kryonik Hoffnung auf ein Leben nach diesem Leben und vermindert ihre Ängste vor dem Tod und vor dem Nichts nach dem Tod, In dieser Hinsicht wirkt sie gewissermaßen befreiend. Angenehm ist es bestimmt nicht, kryoniert zu werden, doch weitaus besser als sonstige Prozeduren mit den sterblichen Überresten umzugehen, meinen Kryonik-Verfechter. Der CEO der kryonischen Einrichtung Alcor in Scottsdale, Arizona argumentiert wie folgt: „In einem Tank mit flüssigem Stickstoff zu schweben und unser Schicksal nicht mehr in der Hand zu haben, ist eine sehr unangenehme Sache. Aber es ist sehr viel angenehmer, als von Würmern und Bakterien zersetzt zu werden oder in einem riesigen Ofen verbrannt zu werden." (Max More in: Mary Pilon 2017). Sein technologischer Optimismus manifestiert sich darin, dass er in der Kroynik „eine Chance, und zwar eine ungewisse [sieht]. Wir können nicht garantieren, dass die Technik jemals entwickelt wird. Aber es ist wahrscheinlich. Es verstößt nicht gegen die Gesetze der Physik. Es geht nur um technische Weiterentwicklung" (ebenda).

Das Kryonik-Unternehmen ist, wie jedes andere Unternehmen, an Profit orientiert und Profit wird erwirtschaftet, wenn eine Nachfrage nach solchen Diensten besteht. Die Nachfrage beruht auf der Angst vor dem Tod und der Zuversicht, wiedergeboren zu werden oder erneut leben zu können, vielleicht sogar ein ewiges Leben beschert zu bekommen. Es ist der Glaube an die Technik und an deren Fortschritt, der Auferstehung möglich machen soll. Die Frage, die sich stellt, ist, ob Kryonik eine Science-Fiktion, eine falsche Wissenschaft oder eine Wissenschaft der Zukunft sein kann, die den Tod tatsächlich „überlisten" kann, wie es der Arzt und Altersspezialist Klaus Sames konzipiert, dessen Ziel es ist, den ganzen Menschen so lange zu konservieren, bis er sich wiederbeleben lässt (Sames 2020 in: Reformiert.de). Es bleibt ein großes Fragezeichen, ob die Wissenschaft je in der Lage sein wird, Tote zu neuem Leben zu erwecken, doch diese Möglichkeit völlig abzustreiten, wäre ein zu absolutistisches Denken. Doch in diesem Zusammenhang tauchen weitere Fragen auf. Erstens möchte jeder Auferstandene gern wissen, in welchem Zustand er erweckt wird. Ist es der gleiche Zustand mit all den Krankheiten, Behinderungen, Immobilitäten, die er vor seinem Tod hatte oder kommt er als neuer Mensch ohne die dem Tod vorausgehenden Probleme hervor? Torsten Nahm, ein Mathematiker bei der Allianz und ein eifriger Lobbyist für Kryonik, den Antje Hildebrandt interviewte, geht davon aus, „dass er bei der Erweckung in den Zustand der Gesundheit versetzt werde. So stehe es auch im Vertrag mit Alcor. Ich habe keine Lust, als tatteriger Achtzigjähriger zurückzukommen" (siehe Hildebrandt 2014). Da kein Wissen darüber besteht, ist es lediglich die jeweilige Erwartung des einzufrierenden Menschen, gesund zu einem zweiten Leben erweckt zu werden. Zweitens ist unklar, so die Perspektive von Mary Pilon, wieviel von der Persönlichkeit des früheren Lebens noch da ist. Ist das Ich-Bewusstsein noch das Gleiche wie vor dem Tod? Kann sich der Mensch noch an seine Zeit vor dem Tod erinnern, an seine Familie und Freunde? Hier herrscht Unwissen, aber es wird bei den Kryonik-Befürwortern zumeist positiv gedacht (siehe Pilon 2017). Drittens weiß kein Mensch, wie die Welt in hundert oder gar zweihundert Jahren aussehen wird. Werden die diversen Demokratien überleben oder wird es Diktaturen rund um den Globus geben, in welchen das zweite Leben keine Lebensqualität mehr hat und vielleicht gar nicht mehr lebenswert erscheint. Wird es in der längerfristigen Zukunft noch Meinungsfreiheit oder die Achtung der menschlichen Würde geben oder wird jeder Mensch programmiert und überwacht, was für ein, in der Vergangenheit selbstgestaltendes Individuum höchst problematisch sein würde. Es könnte jedoch auch ganz anders kommen, indem der Erweckte auf paradiesähnliche Zustände stößt, in welchen jeder Mensch nach seinen Bedürfnissen und seinen Fähigkeiten leben kann. Sollte es je zu einem solchen zweiten Leben kommen, wäre solch ein Zustand wahrscheinlich eine große und unerwartete Überraschung.

Literatur

Bamberger, Christoph (2006). *Besser leben – länger leben.* München.

BMFSFJ (2019). *Eine neue Kultur des Alterns.* Berlin.

Böhm, H. und Ott, K. (Hrsg.). *Bioethik – menschliche Identität in Grenzbereichen.* Leipzig.

Bucher, Delf. Interview mit Katharina Klöcker (2020). Ewig leben ist nicht ein Albtraum. Online: https://reformiert.info/de/schwerpunkt/ewig-leben-das-ist-ein-albtraum-18537.html (abgerufen am 28.10.2021).

Gatzk, Tina V. (2020). *Fit und Jung Formel.* Oldenburg.

Heinerman, John (1997). *Anti-Aging. Secrets for a longer, healthier Life.* North York, Canada.

Hildebrandt, Antje (2014). Herr Nahm plant seine Wiedergeburt. In: *Zeit Online* vom 28.9.2014.

Jura Forums (2021). Was bedeutet Transhumanismus? Online: https://www.jura-forum.de/lexikon/transhumanismus (abgerufen am 1.12.2021).

Krüger, Oliver (2007). Die Aufhebung des Todes. Die Utopie der Kryonik im Kontext der US-amerikanischen Bestattungskultur, S. 211–228. In: Thomas Macho und Kristin Marek (Hrsg.). *Die neue Sichtbarkeit des Todes.* Paderborn.

Land der Gesundheit (2013). Wie alt können wir werden. Online: https://landder-gesundheit.de/fortschritt/alt-koennen (abgerufen am 1.12.2021).

Nikley, Theresa und Waitz. M. (2017). Anti-Aging. Online: https://gesundmed.de/behandlung/anti-aging (abgerufen am 20.10.2021).

Nurse, Paul (2018). Interview mit Stanislav Jervis. In: *Wiener Zeitung* vom 21.4.2018.

Pilon, Mary (2017). Ist es wirklich wert, sich für 80.000 $ einfrieren zu lassen, um die Zukunft zu sehen. Online: https://www.vice.com/de/article/pg5eg8/lebt-nur-einmal (abgerufen am 21.10.2021).

Powell, Jason und Chen, Sheying (2021). The Problem of Biology and Anti-aging: A critical Commentary. Online: https://www.oatext.com/the-problem-of-biology-and-anti-aging-a-critical-commentary.php (abgerufen am 10.10.2021).

Pransky, Noah (2014). *Anti-Aging Techniques exposed.* Virginia Beach, Virginia.

Puhlmann, Lara et al. (2019). Alternde Zellen gehen mit Änderungen in der Hirnstruktur einher. Online: https//:www.mpg.de/13812208/telomere-gehirnstruktur (abgerufen am 15.10.2021).

Reformiert.de (2020). Es wäre Mord, uns nicht aufzutauen. Online: Reformiert.info/de/schwerpunkt/es-waere-mord-uns-nicht-aufzutauen-18570.html (abgerufen am 5.9.2021).

Schölgens, Gesa (2019). Warum wir Menschen nicht einfrieren und in hundert Jahren aufwecken können. Online: https://www.quarks.de/gesundheit/medizin/warum-wir-menschen-nicht-einfrieren-und-in-hundert-jahren-aufwecken-koennen/ (abgerufen am 8.10.2021).

Sinclair, David (2019). *Das Ende des Alterns: Die revolutionäre Medizin von morgen.* Köln.

Spindler, Mone (2008). Ist Anti-Aging unnatürlich? Die soziale und biologische Ko-Konstruktion alternder Körper. In: S. Rehberg. *Die Natur der Gesellschaft*, S. 1409–1417.

Spork, Peter (2015). Ist Altern ein epigenetischer Prozess. Online: https//:www.newsletterepigenetik.de/ist-altern-ein-epigenetischer-prozess/(abgerufen am 7.10.2021).

Tschechow, Peter (2013). Forscher arbeiten an lebensverlängernder Gentechnik. Online: https://ww.ingenieur.de/technik/fachbereiche/medizin/forscher-arbeiten-an-lebensverlaengernder-gentechnik/ (abgerufen am10.10.2021).

6 Ewiges Leben im Alten Testament, in der Natur und im Weltall

Ewiges Leben im Alten Testament: der ewige Baum des Lebens

Im Alten Testament wird ein ewiges Leben nach der jüdischen Auffassung einzig und allein Gott zugeschrieben. Gott selbst bezeichnet sich im 5. Buch Mose 32, 40 als der Ewige, indem er seine Hand zum Himmel erhebt und spricht: „So wahr ich ewig lebe". Selbst der neubabylonische König Nebukadnezar II soll nach Daniel 4, 31 während der jüdischen Gefangenschaft die ewige Herrschaft Gottes anerkannt haben. „Und ich pries den Höchsten, und ich rühmte und verherrlichte den ewig Lebenden und dessen Herrschaft eine ewige Herrschaft ist und dessen Reich von Generation zu Generation währt". Das Ewige und Unveränderliche Gottes steht im Gegensatz zum endlichen und vergänglichen Menschen. Hätte er jedoch im Paradies vom Baum des Lebens gegessen, wäre ihm ein ewiges Leben beschert worden – so sehen es die jüdischen Schriftgelehrten, was wiederum andere als mythologische Berichterstattung abwerten. Diese jüdische Konzeption ist im ersten Buch Mose 3, 22 zu finden: „Und Gott, der Herr sprach: Siehe, der Mensch ist geworden wie einer von uns, zu erkennen Gut und Böse. Und nun, dass er nicht etwa seine Hand ausstrecke und auch noch von dem Baum des Lebens nehme und esse und ewig lebe". Eine jüdische Erzählung wird uns hier übermittelt, nach der es einen Baum des Lebens gegeben haben soll, dessen Früchte dem Menschen ein ewiges Leben gewährt hätten. Viele nicht-jüdischen und nicht-christlichen Menschen finden den Bericht aufschlussreich, indem sie das Denken religiöser Autoren wiedergeben, kategorisieren aber die Texte als fiktiv oder als mythologische Konstruktion. Zu der Erkenntnis von Gut und Böse kam es nicht und somit auch nicht zu einem ewigen Leben. Durch den Sündenfall wurden sie aus dem Garten Eden vertrieben. Der Baum des Lebens war jedoch nicht nur im Judentum, sondern seit Jahrtausenden ein religiös-mythisches Symbol in vielen Kulturen und Völkern gewesen, wie z. B. im Hinduismus, in welchem Gott die Wurzeln des Lebensbaumes symbolisieren oder in der ägyptischen Religion, wo der Lebensbaum die Verbindung zu den Göttern darstellen soll. Auch für die Inkas implizierte der Lebensbaum in ihrem alltäglichen Leben die Vorstellung stetigen oder endlosen Wachsens und Gedeihens. Darüber hinaus erlebte Buddha unter dem Lebensbaum die große Erleuchtung. Der Lebensbaum, der als eine Verbindung des Himmels mit der Erde und der Unterwelt konzipiert wird, liegt den meisten religiös mythischen Vorstellungen zugrunde. Der Lebensbaum als Symbol des Lebens verkörpert unaufhörliches Wachstum, ständige Entwicklung oder, wie oben aufgezeigt, Unsterblichkeit. Er wird immer wieder im Christentum als Quelle des Lebens, die Gott und sein Wort ist, gewürdigt. „Das Wort Gottes ist der Lebensbaum, weil wir durch diese Mitte zurückkehren und lebend gemacht werden in diesem Lebensquell" (Bonaventura 1964, I, S. 17).

Die Sünde im Garten Eden soll der Grund gewesen sein, dass die Menschen nicht ewig leben können. Diese Sünde soll die DNA eines jeden Menschen verändern. Jeder Mensch soll mit einem „sündlichen Leib" geboren werden, wie dies der Apostel Paulus in Römer 6, 6 postulierte. An anderer Stelle behauptete er: „Ich bin fleischlich, unter die Sünde verkauft" (Römer 7, 14). Es sind für den Apostel Beispiele der Sünden, wenn man das Gute tun will und nicht tun kann (Römer 7, 19), denn, so sein Statement: „In meinem Fleische wohnt nichts Gutes" (Römer 7, 18). Augustin hat den Sündenbegriff weiter elaboriert, indem er den Begriff „Erbsünde" prägte (siehe Augustin von Hippo 2016). Da in Adam die ganze Menschheit enthalten ist, wird die Sünde von einer Generation auf die andere übertragen. Bereits das Baby in der Wiege ist zur Sünde verdammt und wird, wie alle anderen Neugeborenen und sich zu einem Erwachsenen entwickelnden Menschen, nie ewig leben. Wenn der Mensch jedoch im Laufe seines Lebens nach christlicher Auffassung die Erlösung von der Sünde durch Jesus Christus dadurch erfährt, dass er an ihn glaubt und ihn als Erlöser anerkennt, wird ihm ein ewiges Leben garantiert. Doch gesetzt den Fall, das Baby/Kind stirbt im ersten oder zweiten Lebensjahr und es kann die Erlösung in diesem Alter noch nicht nachvollziehen und keinen Glauben daran entwickeln, wird es dann kein ewiges Leben haben? Das wäre Pech für das Baby/Kind und Pech für die Eltern, sollten sie erlöst werden und ewig leben dürfen, dann könnten sie ihr Kind nie wieder sehen. Zum Glück hat die Kirche das Sakrament der Taufe kreiert, das unter solchen Bedingungen Abhilfe schaffen kann.

> „Die Taufe ist das erste und grundlegende Sakrament, durch das ein Mensch in die Glaubensgemeinschaft der Christen aufgenommen wird. Sie ist als Realsymbol für die besondere, unauflösbare Gemeinschaft des Getauften mit Jesus Christus, durch den die Erbsünde ihre Macht über den Täufling verloren hat“ (Katholische Kirche 2016).

Im zweiten Teil der Arbeit wird die Erlösung durch Jesus Christus und seine Prämisse eines ewigen Lebens weitergehend erläutert.

Statt eines ewigen Lebens mussten sich die Menschen aufgrund des Sündenfalls mit der Endlichkeit zufriedengeben. Fundamentalistische Bibel-Interpreten behaupten, Gott habe den Menschen für ein ewiges Leben vorgesehen. Ihrer Meinung nach seien Adam und Eva mit einem vollkommenen Organismus erschaffen worden und hatten die Aussicht, ein ewiges Leben zu genießen. Sie hätten für immer im herrlichen Garten Eden, der ihnen alles bot, was sie zum Leben brauchten, bleiben können, doch der Ungehorsam gegenüber Gott führte zum Verlust der Vollkommenheit und zur Verkürzung des Lebens (siehe Watch Tower Bible 2021). Dieser Sichtweise zufolge ist das verkürzte Leben eine Bestrafung Gottes gegen den menschlichen Ungehorsam. In 1. Mose 6, 3 steht geschrieben: „Da sprach der Herr: Mein Geist soll nicht ewig im Menschen bleiben, da er ja auch Fleisch ist. Seine Tage sollen 120 Jahre betragen“ (Elberfelder Bibel). Nunmehr widerspricht die fleischige Natur des Menschen der göttlichen Natur und seine Langlebigkeit wird von Gott beendet. Paulus greift den Gedanken des Fleisches auf und konstruiert den Widerspruch zwischen dem Geist und dem Fleisch, wenn er argumentiert: „Wir wissen, dass das Gesetz selbst vom Geist bestimmt ist, ich aber bin Fleisch, das heißt verkauft an die Sünde“ (Römer 7, 14). Im Geiste der Bibel wird die fehlende Gottesfurcht oder der menschliche Ungehorsam zum Unheil der Menschheit und in der Auflehnung gegen den Willen Gottes verliert der Mensch sein ewiges Leben. Hier wird Gott als ein grausamer Herrscher eingestuft, der von Adam und Eva Unterordnung abverlangt und wenn sie sich diesen autoritären Maßnahmen widersetzen, werden sie bestraft. Sie müssen sterben, statt ewig zu leben. Kein attraktives Gottesbild!

Doch im Gegensatz zu Gottes Worte, dass die Menschheit nur 120 Jahre leben soll, ist laut Bibelbericht (siehe 1. Buch Mose) zu lesen, dass die Menschen trotz der von Adam und Eva begangenen und auf die Nachfahren transferierte Sünde ziemlich alt wurden, nämlich weit über 100 Jahre – so z. B. Methusalem 969, Noah 950 und Adam 930 Jahre. Wie kann der Widerspruch zwischen der Bestrafung Gottes, das Lebensalter auf 120 Jahre festzulegen und dem hohen Alter von Methusalem und anderen erklärt werden? Zum einen ist es unklar, ob die Urväter wirklich 900 und mehr Jahre alt wurden oder ob es sich um Schreibfehler in der Überlieferung handeln könnte, die ihnen unterlaufen sind. Zum anderen kann es sein, dass diese in der Bibel angegebenen hohen Zahlen nur eine symbolische Bedeutung haben. Vielleicht sollen sie zum Ausdruck bringen, wie gottestreue Menschen, wie Methusalem und Noah für ihren Lebenswandel belohnt wurden. Darüber hinaus vertreten einige Interpreten die Ansicht, dass beim Übergang vom Mond- zum Sonnenkalender 969 Mondjahre ungefähr 78,5 Sonnenjahren entsprechen, was ein akzeptables Alter für Methusalem wäre (siehe Land der Gesundheit 2021). Andere Bibelforscher konstruieren die Texte des 1. Buch Mose und den Beschluss Gottes, eine Obergrenze für das menschliche Alter festzulegen, als „mythologische Episode“ (Kunz 2004, S. 4). Der Beschluss Gottes, Altersobergrenzen als Strafmaßnahmen zu verkünden, ist ein nicht seltenes Thema der Urgeschichten, dass jedoch „die ersten Menschen länger lebten, soll heißen, die Schöpfung ist vital“ (ebenda, S. 2). Der „Vitalitätsschwund und dem mit ihm in Zusammenhang stehenden sinkenden Lebensalter beruht auf den menschlichen Grenzverletzungen“ (ebenda). Adam und Eva haben gegen die von Gott festgelegten Grenzen verstoßen und sie werden aufgrund dieser Verstöße zum Tode verurteilt. Was auffällt ist, dass es keine Vergebung und keine Gnade gibt. So widerspricht dieses jüdische Denken auch den Worten Jesu in der Bergpredigt, in welcher die Vergebung großgeschrieben wird.

Ewige Lebewesen in der Natur

In der Natur, und der Mensch ist Teil der Natur, soll es Lebewesen geben, die ewig leben können. Sollte das so sein, dann wäre der Tod nichts Selbstverständliches. So gibt es z. B. Tierchen, die altern, aber nicht sterben, denn ihre Zellen verjüngen sich wieder und brechen dann zu einem neuen Leben auf. Solch ein Tierchen, nämlich die Qualle, soll „über eine spezielle Zellenstruktur verfügen, die es ihr erlaubt, sich selbst wieder und wieder zu erneuern und so tatsächlich aufs Neue wiedergeboren zu werden. Dazu lässt sie sich auf den Meeresboden hinabsinken und bildet dort ihr Zellvolumen neu" (Blick 2019). Das Geheimnis des ewigen Lebens steckt in einer Qualle, die im Mittelmeer lebt. Sie trägt den Namen „Torritopsis nutricula und ist unsterblich, solange sie nicht gefressen wird" (Bandel 2009 und siehe auch Helles Köpfchen 2011). Ebenso kann der Süßwasserpolyp Hydra – das ein Zentimeter große, nicht alternde Tier – potenziell ewig leben, da er immer nur sich selbst teilt und auf diese Weise seine Stammzellen erneuert (Hadon 2015). Leider verliert der alternde Mensch diese Fähigkeit der Erneuerung seiner Stammzellen. Darüber hinaus haben Forscher in der Antarktis einen Schwamm entdeckt, der 10.000 Jahre alt sein soll. Zudem soll es für Einzeller, wie die Pantoffeltierchen möglich sein, Milliarden Jahre zu leben, weil sie in der Lage sind, sich immer wieder zu teilen. D. h. dass diese Tierchen aufgrund ihrer wiederholten Teilung unsterblich sein können (siehe Weiss 2013). Im Gegensatz zu den Einzellern entstehen beim älter werdenden Menschen trotz seiner Zellteilung immer seltener neue Zellen. Es gibt auch noch andere Tiere, die sehr alt werden, wie die Islandmuschel, der Grönlandhai und der Seeigel, die nicht selten mehrere hundert Jahre alt werden. Der Mensch, die Krönung der Schöpfung, kann also, was das Altwerden anbetrifft, bislang mit vielen Tieren nicht mithalten. Ob sich das in der fernen Zukunft ändern wird, kann kein Wissenschaftler voraussagen.

In der tierischen Welt ist also Langlebigkeit zu beobachten und Ähnliches ist auch in der Welt der Pflanzen vorzufinden. Nach Roloff können die sog. langlebigen Baumarten „ein Höchstalter von über 400 Jahren erreichen, einzelne Exemplare z. T. sogar über 1.000 Jahre. Es ist beeindruckend, sich klarzumachen, dass sie also über so lange Zeiträume alle Ereignisse, Veränderungen und Variabilitäten von Standort, Umfeld und Klima tolerieren können. Demzufolge darf man bei ihnen auch von einem besonders hohen Anpassungspotenzial ausgehen. Durch ihre lange Lebensdauer entwickeln sich diese Bäume häufig zu sehr eindrucksvollen Baumgestalten, z. T. wie Skulpturen“ (Roloff 2018). Der älteste Baum der Welt steht in Kalifornien; er ist mehr als fünf Jahrtausende alt und sein Name ist Pinus longaeva (siehe GEO k. D.). Gezählte Jahresringe sollen dieses hohe Alter beweisen. Diverse Pflanzen altern offensichtlich anders als Menschen und sind durch Langlebigkeit geprägt.

Endloses Weltall

Wie der Name Weltall andeutet, umfasst es alles. Es gibt also nichts dahinter und nichts davor. Obwohl die Wissenschaftler das unendliche Weltall nicht beweisen können, sind die astronomischen Beobachtungen mit der Annahme eines unendlichen Universums vereinbar. Fröhlich argumentiert hinsichtlich der Frage „Was liegt hinter dem Weltall?“ wie folgt:

> „Nichts, weil es ein ‚dahinter‘ gar nicht gibt. Im Wort ‚Weltall‘, wie auch im Wort ‚Universum‘, steckt die Bedeutung ‚alles‘. Das Weltall umfasst alles und es gibt nur ein Universum. Eine Grenze, hinter der etwas anderes beginnen könnte, ist logisch ausgeschlossen! Denn dieses ‚andere‘ würde auch wieder zum Weltall gehören. Wie wir seit Einstein wissen, sind Raum und Zeit unlösbar mit der kosmischen Materie, dem Stoff, aus dem das Weltall besteht, verbunden. Außerhalb gibt es also, physikalisch gesehen, keinen Raum“ (Fröhlich 2008).

Vieles bleibt noch offen oder ungeklärt, wenn die Wissenschaftler von einem unendlichen Weltall ausgehen, insbesondere dann, wenn man eine Ausdehnung des Universums postuliert.

> „Aber ganz nebenbei haben wir hier etwas ziemlich Bemerkenswertes gelernt: Wenn sich das Universum ausdehnt, kann es nicht unendlich groß sein. Denn wie sollte es sich dann immer weiter ausdehnen? Was schon unendlich groß ist, kann ja schließlich nicht noch größer wer-

den … Oder doch? Um ehrlich zu sein: Wir wissen es nicht“ (DRL Next k. D.).

Auch Albert Einstein konzedierte, dass das ewig Unbegreifliche in der Welt vorherrscht und wir ständig darum bemüht sind, es begreiflich zu machen und jeder Erfolg versetzt uns ins Staunen. Er geht von der Unendlichkeit des Weltalls aus, ist sich später nicht mehr ganz so sicher (siehe Einstein, 1936, S. 313–347). Schon Francis Bacon hat zu Beginn der Neuzeit die These des unendlichen Weltalls vertreten und die Forscher gewarnt:

> „Wir dürfen das Weltall nicht einengen, um es den Grenzen unseres Vorstellungsvermögens anzupassen, wie der Mensch es bisher zu tun pflegte. Wir müssen vielmehr unser Wissen ausdehnen, so dass es das Bild des Weltalls zu fassen vermag“ (Bacon in: Die wichtigsten Philosophen 2005).

Berman geht auf die gegenwärtige Forschung ein und zeigt den Sinneswandel von einem endlichen aber unbegrenzten Kosmos zu einem unendlichen Weltall auf, das endlose Galaxien und Planeten hat:

> „It's a huge change from the prevailing model of a finite but unbounded cosmos, with a specific quantity of matter and energy but no walls. In the old model, curved space would let a seemingly straight-traveling astronaut zoom past a galaxy a second time, maybe 200 billion years later. But infinity changes things. It means space never ends. It's a matrix of *limitless* galaxies, stars, planets, and energy“ (Berman 2012).

Da nur ein endliches Universum durch Fakten bewiesen werden kann, können die Wissenschaftler nie Unendlichkeit beweisen, da Fakten immer endlicher Natur sind. So bleibt der unendliche Kosmos ein Geheimnis.

Literatur

AUGUSTIN VON HIPPO (2016). *Bekenntnisse – Confessiones I–XIII.* Paderborn.

BANDEL, BETTINA (2009). Biologie – Ewiges Leben. In: *Spiegel Wissenschaft* vom 9.3.1999.

BERMAN, BOB (2012). Infinite Universe. In: *Astronomy*, November 2012 Issue.

Blick (2019). Wie lange lebt ein Tier? Diese Tiere leben am längsten. Online: https://www.blick.ch/life/natur/diese-10-tiere-leben-am-laengsten-id15113478.html (abgerufen am 30.11.2021).

BONAVENTURA (1964). *Hexaemeron, lateinisch-deutsche Ausgabe.* München.

DRL Next (k. D.). Ein ziemlich verrücktes Universum. Online: https://www.dlr.de/next/desktopdefault.aspx/tabid-6304/10950_read-24961/ (abgerufen am 25.11.2021).

DROSDEK, ANDREAS (Hrsg.) (2005). *Die wichtigsten Philosophen für Manager.* Frankfurt.

FRÖHLICH, HANS-ERICH (2008). Was liegt hinter dem Weltall. Online: https://www.wissenschaft-im-dialog.de/projekte/wieso/artikel/beitrag/was-liegt-hinter-dem-weltall/ (abgerufen am 28.11.2021).

GEO (k. D.). Wunder der Botanik: Der älteste Baum der Welt. Online: https://www.geo.de/magazine/geo-kompakt/2020-rtkl-wunder-der-botanik-der-aelteste-baum-der-welt (abgerufen am 26.11.2021).

Helles Köpfchen (2011). Das ewige Leben – Die unsterbliche Qualle. Online: https://www.helles-koepfchen.de/article/1605.html (abgerufen am 22.11.2021).

Katholische Kirche (2016). Die Taufe – Das sollten Sie wissen. Online: https://www.katholisch.de/artikel/4500-taufe (abgerufen am 27.11.2021).

KUNZ, RALPH (2004). Das „biblische Alter" – Theologisches zur Langlebigkeit. Online: https://www.zfg.uzh.ch/static/2004_bibAlter.pdf (abgerufen am 20.11.2021).

Land der Gesundheit (2021). Wie alt können wir werden? Online: https://www.spektrum.de/news/lebenserwartung-menschen-koennten-bis-zu-150-jahre-alt-werden/1880155 (abgerufen am 30.11.2021).

ROLOFF, ANDREAS (2018) Besonderheiten und Potenziale langlebiger Baumarten. Online: https://nationalerbe-baeume.de/uralt-baeume/ (abgerufen am 28.11.2021).

Watch Tower Bible and Tract Society of Pennsylvania (2021). Wurde der Mensch früher mehrere hundert Jahre alt? Online: https://wol.jw.org/de/wol/d/r10/lp-x/101977129 (abgerufen am 1.12.2021).

Weiss, Bertram (2013). „Ewiges Leben wäre möglich, aber wenig sinnvoll". In: *Tagesspiegel* vom 11.5.2013.

7 Philosophische, psychologische und soziologische Diskurse eines ewigen Lebens

Die Lehre von der unsterblichen Seele als Begründung eines ewigen Lebens

Der bekannteste Philosoph der Antike, Platon, hat eine Theorie der unsterblichen Seele konstruiert. Nach dieser Konzeption sei sie unvergänglich und unzerstörbar – ganz im Gegensatz zum Körper, der vergänglich sei und nach dem Tod allmählich verrotte. Bevor die Seele in den leiblichen Bereich absank, existierte sie, Platon zufolge, in himmlischen Regionen, welche die sinnliche Welt des Wahrnehmbaren transzendieren. Nach dem Tode, also dem Verfall des Körperlichen, kann sie weiterleben, da sie, anders als der Körper, unsterblich ist (siehe Platon, Phaidon 2017). Diese platonischen Gedanken, dass die Seele in den Himmel zurückspringt, haben auch die geschichtliche Entwicklung des Christentums stark beeinflusst, wurden aber häufig durch andere Begrifflichkeiten ersetzt, wie der zweite Teil zeigen soll. Der Neuplatonismus wurde in den Jahrhunderten nach Christi Tod zu einer der bedeutendsten philosophischen Strömungen. Viele frühchristliche Denker wurden vom Neuplatonismus beeinflusst, wie Clemens von Alexandria und Origenes, die ihren christlichen Glauben an zentralen Ideen Platons ausrichteten. In der Folgezeit ist es Augustinus, demzufolge niemand dem Christentum so nahe gewesen sein soll wie der Platonismus. In Prechts Sichtweise ist „der bedeutendste Denker dieser Zeit im Christentum, Augustinus, der Bischof von Hippo, der sich als junger Mann ganz intensiv mit dem Neuplatonismus auseinandergesetzt hat. Er vermischt jetzt die Sehnsucht der Seele nach dem Einen aus dem Neuplatonismus mit der Vorstellung des gütigen Vaters und der Sehnsucht des Menschen in die Gottesnähe zu kommen. Er verschmilzt Neuplatonismus und Christentum – nicht als Einziger, aber als Wirkungsmächtigster“ (Precht im Gespräch mit Fritz 2015). Nach Jens Halfwassen übernahm das Christentum „mit unabschätzbaren Folgen für die gesamte weitere Geschichte Europas, vom Platonismus die Ausrichtung auf die Transzendenz des Absoluten, die Überzeugung vom Primat des Geistes als der eigentlichen und höchsten Wirklichkeit sowie eine geistbezogene, intellektualistische Sicht des Menschen und der Welt“ (Halfwassen 2008, S. 1). Die Platonisierung des Christentums, so Halfwassen weiter, ermöglichte erst dem Christentum „die antike Kultur in sich aufzunehmen und von einer jüdischen Sekte zur Religion Europas und der Menschheit zu werden. Die Universalität und die Geschichtsmächtigkeit der christlichen Botschaft sind darum mit ihrer ‚Hellenisierung‘, die vor allem eine ‚Platonisierung‘ war, untrennbar verknüpft und wären ohne sie nicht möglich“ (ebenda, S. 15).

Ewigkeitsdenken in der Philosophie und Religion

Im philosophischen Denken der Neuzeit ist dieses platonische Seelendenken, im Gegensatz zu manchen religiösen Alltagsvorstellungen, nicht mehr häufig vorzufinden. In der Moderne machen die Seele und der Körper das Dasein des Menschen aus. Stirbt der Körper, stirbt auch mit ihr die Seele. Die Vorstellungen eines Himmels oder eines Jenseits als Zufluchtsort, in welchem sich die Seele vom Körper loslösen soll und damit ihr im Gegensatz zum Körper ein ewiges Leben beschert werden soll, werden in der Moderne kritisch hinterfragt. Die den Religionen zugrunde liegenden metaphysischen Konzeptionen, sei es Gott, Jenseits und ewiges Leben, werden zwar noch in den transzendentalen Philosophien, wie z. B. im Idealismus, aufgegriffen und weiterverfolgt, aber sie werden nicht länger mit dem Offenbarungsglauben, sondern mit der Methode der Rationalität ergründet. Im wissenschaftlichen Zeitalter wird immer mehr ersichtlich, wie das philosophische/analytische und das religiöse Denken als miteinander unvereinbar gelten. Der ewige Gott kann weder verifiziert noch falsifiziert werden. Das religiöse Denken mag jedoch eine bestimmte Lebensform begünstigen, die nach der subjektiven Empfindung des Religiösen beim Menschen als sinnvoll erachtet werden kann, obwohl, objektiv gesehen, über diese religiösen Vorstellungen keinerlei faktischen und daher, wissenschaftlich gesehen, keine sinnvollen Aussagen gemacht werden können. „Vorstellungen wie Gott und Jenseits verhindern eine moderne Religiosität. Die großen Religionen sollten sich endlich von ihrem metaphysischen Ballast befreien" (Herbstreit 2014). Sich von den nicht überprüfbaren metaphysischen Aussagen loszusagen, hieße sich „das Religiöse zurückzuerobern, ohne deshalb von der intellektuellen Tradition der Aufklärung abzurücken. Einen Versuch wäre es allemal wert. Denn auf Religion als seelischen und ethischen Echoraum sollten wir nicht verzichten. Auf Gott aber schon" (ebenda). Vor langer Zeit hat schon Dewey zwischen einer Religion mit ihren spezifischen inhaltlichen Vorgaben (Gott, Himmel, Hölle, Erlösung usw.) und dem Religiösen, das auch von Menschen, die keiner Religion angehören, in Erfahrung gebracht werden kann, unterschieden (siehe Dewey 1934). Bei dem Religiösen handelt es sich einerseits um das Abheben vom Materiellen und andererseits um das subjektive Erschließen einer transzendenten Wirklichkeit, die nicht institutionellen Vorgaben von Religionen entsprechen mag. Diese privaten, existenziellen und intensiven Erfahrungen können vielfältige Sehnsüchte nach einer anderen, besseren Welt und nach dem Ewigen enthalten

Philosophische Diskurse über die Wunschprojektionen eines Paradieses und eines ewigen Lebens

Gott, die Auferstehung und das paradiesische Leben nach diesem Leben werden von den Materialisten als Wunschprojektion konstruiert (siehe Feuerbach 1988). Der Wunsch, ewig zu leben, drückt, Feuerbach zufolge, die Liebe des Menschen zum eigenen Leben aus. Der wahre Sinn des theologischen Denkens ist eigentlich ein anthropologisches Denken. Nicht Gott schafft den Menschen, sondern der Mensch schafft sich seinen Gott. Das ewig Göttliche ist nicht etwas Transzendentes, sondern die Übertragung positiver Eigenschaften auf Gott und auf diese Weise hofft der Mensch auf ein ewiges Leben. Marx stimmt mit der Sichtweise Feuerbachs überein und geht auf die Ursachen dieses Wunschdenkens ein. Wenn die durch Ausbeutung und Unterdrückung gebrandmarkte arbeitende Bevölkerung völlig unglücklich und entfremdet ist und sich total ausgelaugt fühlt, hilft ihr diese Wunschprojektion eines besseren Jenseits, die Arbeit hinter sich zu bringen und vorauszuschauen auf die Herrlichkeit, die sie im Himmel erwartet. Die Religion „entwickelt ein Idealbild zur grausamen Realität und tröstet sie [die entfremdeten und unglücklichen Arbeiter] über die von ihnen tagtäglich erfahrenen Missstände hinweg. Die Religion vertröstet die zermürbten Arbeiter auf eine bessere Zukunft, statt gegen ihre Misere zu kämpfen. Sie trägt die Hoffnung in sich, von der Hölle des Diesseits ins jenseitige Paradies zu gelangen. Somit dient die den Kapitalismus stützende Religion als ‚Opium des Volkes'" (Marx 1976, Band I, S. 378–391). Nietzsche würde der oben geübten Kritik am Christentum zustimmen, würde jedoch die Schuld der Institution Kirche und den Priestern zuschreiben, denn sie sind es, die das Bewusstsein der Menschen korrumpieren und große Lügen verbreiten. Er zeigt sich in seinem Buch *Der Antichrist* empört über die Verlagerung des Schwergewichts des Lebens „nicht ins Leben, sondern ins ‚Jenseits', in das ‚Nichts'", wie es Nietzsche formuliert (1994, KSA 6, Kapitel VI, S. 76 f.), Er fügt Folgendes hinzu: „Für ein Nichts zu leben, ist sinnlos … das Jenseits wertlos" (ebenda).

Für und wider den philosophischen Glauben an das Ewige in der Existenzialphilosophie

Aber es gibt auch existenziale Philosophen, die religiöse Vorstellungen oder Glaubensinhalte in ihre philosophischen Denkformen einbauen. So spricht der Existenzialphilosoph Jaspers z. B. von dem „philosophischen Glauben angesichts der Offenbarung" (Jaspers 1963). Mithilfe des philosophischen Denkens will er eine geistige Verbindung zum Ewigen herstellen und auf diese Weise das Geheimnis allen Lebens ergründen. Damit steht er in krassem Gegensatz zum Existenzialisten Sartre, der jeglichen Glauben an Gott und das Ewige ablehnt. Wenn Gott als Schöpfer existieren würde, dann würde der Mensch bereits eine Essenz besitzen und nicht frei sein. Sollte dagegen Gott nicht existieren, dann könnte die Existenz der Essenz vorausgehen und der Mensch sein eigenes Wesen bestimmen (siehe Sartre 1968). Nach Sartre müssen wir Menschen uns damit abfinden, dass mit dem Tod das menschliche Leben aufhört und es kein ewiges Leben geben wird.

Für und wider das Supernatürliche oder Ewige in der Psychologie

Die neuzeitliche Psychologie greift im Laufe der Moderne das Denken Descartes' auf und stellt zunächst als eine rational begründete Disziplin dar. „Mit dem Ausdruck ‚rationale Psychologie' bezeichnet man vor allem die Bewusstseinsphilosophie und Seelenlehre vor allem des kontinentalphilosophischen Rationalismus (17–19. Jahrhundert)" (rationale Psychologie 2022). Die rationale Psychologie ist „ein Teilbereich der traditionellen speziellen Metaphysik" (siehe ebenfalls rationale Psychologie 2022) und daher sind Begriffe wie Gott und Ewigkeit in diesem psychologischen Denken nicht tabu. Das ändert sich jedoch im 20. Jahrhundert, wenn die Psychologie versucht, sich von der rationalen Psychologie als einer metaphysischen Disziplin loszulösen und die durch Vernunft geprägte Disziplin durch wissenschaftliche Prozeduren zu bestimmen. Diese Entwicklung ist nicht ausschließlich, da es immer noch psychologische Richtungen gibt, wie die später zu erörternde humanistische Psychologie, deren Fundierung auf anthropologischen und philosophischen Theorien beruht. Im Gegensatz dazu positioniert sich der Behaviorismus, eine Verhaltenswissenschaft, für die, im Einklang mit der analytischen, positivistischen Philosophie, Gott, das Jenseits und andere religiöse Begriffe nicht länger in das psychologische Vokabular passen und im psychologischen wissenschaftlichen Denken als sinnlos erachtet werden.

Die psychologische Dominanz der Verhaltenswissenschaften wurde jedoch hauptsächlich durch zwei Strömungen kritisiert, zum einen durch die kognitive Wende und zum anderen durch die humanistische Psychologie.

> „Der in der Psychologie als kognitive Wende bezeichnete Wechsel von behavioristischen zu kognitivistischen Lernansätzen fand in den sechziger Jahren statt, wobei Lernen als Bildung komplexer mentaler Modelle und Wissensstrukturen verstanden wurde, bzw. als interne Verarbeitungsprozesse von externen, objektiv vorhandenen Fakten" (Stangl, 2022).

Auf diese Weise konnten Themen rationaler Psychologie wieder in die Psychologie des 20. Jahrhunderts eingegliedert werden und das einseitige faktisch determinierte Stimulus-Reaktionsverhalten oder auch die Verstärker-Theorie überwunden werden. In der Humanistischen Psychologie wird der Mensch, wie in der kognitiven Psychologie, als ein Wesen konstruiert, das frei entscheiden und selbstgesetzte Ziele verfolgen kann. Neben Carl Rogers und Virginia Satir ist es die Sichtweise des Existenzpsychologen Maslow, der auf seiner Bedürfnishierarchie, die von den physiologischen Bedürfnissen über Schutz, Zuneigung bis hin zu Selbstverwirklichung reichen, auch transzendierende Möglichkeiten zulässt (Maslow 1981). In seinem Werk *The Father Reaches of Human Nature* (siehe Maslow 1973) werden religiöse und spirituelle Bedürfnisse als Teil der menschlichen Selbstverwirklichung für bedeutsam gehalten. Die überirdische Dimension wird von Maslow als eine Form menschlicher Selbstverwirklichung gesehen und daher als potenziell sinnvoll erachtet, obwohl dieser Bereich jenseits der natürlichen Welt, der Vernunft und der Erfahrung liegt. Auf diese Weise hat das Übernatürliche und letztlich das Ewige oder Unendliche einen Platz im psychologischen Denken Maslows.

Von einer anderen psychologischen Sichtweise aus, nämlich der psychoanalytischen, wird versucht, die religiösen Vorstellungen beim Menschen mithilfe der Triebtheorie zu erklären und infrage zu stellen. Der bekannteste Kritiker der Religion ist Freud. Er zeigt, wie sich die Menschen aus Hilflosigkeit und Ohnmacht der Religion zuwenden. Ähnlich wie Feuerbach, den er bewunderte, sieht er in der Wunscherfüllungsfantasie das Wesen der Religion. Die Menschen verhalten sich wie Kinder, die sich in der Ohnmacht der Natur und der Machtlosigkeit der Krankheit und dem Tod gegenüber einen schützenden Vater suchen, der sie von allen Übeln befreit, nicht zuletzt auch von der Sterblichkeit wie auch vom Tod und ihnen ein ewiges Leben gewährt. Die nicht erwachsen werdenden Kinder erhoffen sich Hilfe vom himmlischen Vater, der ständig für sie da sein soll und ihre Wünsche erfüllen wird. Diese Zukunft der Illusion kann, Freud zufolge, nur durch das Erwachsenwerden des Kindes, d. h. durch die Stärkung des Intellekts, behoben werden (siehe Freud 1927). Hier sind wieder Teile der rationalen Psychologie ersichtlich.

Sozialwissenschaftliche Perspektiven des Ewigen

Die sozialwissenschaftliche Perspektive unterscheidet sich von theologischen und philosophisch metaphysischen Konzeptionen, indem sie die vorhandenen sozialen Gegebenheiten reflektiert und auf die stetig ansteigende Lebenserwartung eingeht, die sich seit dem 19. Jahrhundert beinahe verdoppelt hat und sich bei den nächsten Generationen voraussichtlich noch schneller beschleunigen wird. Es sind Fakten und Voraussagen von möglichen Fakten, die sich auf das Ewige einlassen und keinerlei metaphysische Spekulationen. In der Form des Denkens setzen sich die Sozialwissenschaftler/innen mit den Gründen auseinander, die das Ewige begünstigen könnten. Zum einen wäre der höhere Gesundheitsstandard zu erwähnen, der durch Wissenschaften, insbesondere durch Medizin und neue Behandlungsmethoden ermöglicht wird, ebenso wie individuelle Hygienemaßnahmen, gesunde Ernährung und viel Bewegung, die zur Langlebigkeit beizutragen in der Lage wären. Es ist die konzeptionelle Wahrheit, dass wenn der Tod durch irdische Fortschritte auf vielen Ebenen überwunden werden könnte, die Menschen ewig leben könnten. Häyry zufolge sind es drei Faktoren, die für die menschliche Sterblichkeit verantwortlich sind: das Trauma, die Krankheit und das Altern. Nur wenn diese unter Kontrolle gebracht werden können, kann der Tod aufgeschoben und das Leben verlängert werden. Eine andere Richtung, die auch in Erwägung gezogen werden könnte, ist das Klonen (Cloning). Es könnte eine genetische Herausforderung sein, um zu einem besseren und längeren Leben beizutragen (siehe Häyry 2010), insbesondere im Hinblick auf das reproduktive Klonen, denn „die Toleranz gegenüber ‚Unperfektem' nimmt vermutlich ab" (Epping et al. 1997). Das therapeutischen Klonen könnte „die Menschheit von vielen Krankheiten befreien und für spezielle Arbeiten spezielle Klone züchten" (ebenda).

Sowohl das reproduktive als auch das therapeutische Klonen könnten zu einem sehr langen Leben beitragen.

> „Einige Wissenschaftler, darunter der US-Wissenschaftler Richard Seed, meinen dass das Klonen eine ‚künstliche Form der Unsterblichkeit' darstellen könnte. Damit meinen sie, dass man eine Kopie zu einem Men-

> schen machen kann und ihn somit immer und immer wieder erneut zum Leben erwecken kann" (siehe dazu Ethikblog 2018).

Eine biologische Ewigkeit ruft bei Hakola ethische Bedenken wach. Ihm zufolge wirft sie individuelle und sozialpolitische Fragen auf:

> „Firstly, when our biological lives are extended by decades and potentially by centuries, new experiences may drastically change our personality. In these cases, the continuity of identity becomes a personally, culturally and socially critical issue. Secondly, immortality would also raise social and political questions of who is allowed to live forever and procreate if the resources and available living space continue to be limited. Thus, the prospects of immortality would not relieve us from wondering about the meanings and definitions of life and death" (Hakola k. D.).

Sollte in der Zukunft die Menschheit 500 Jahre oder gar älter werden, dann wird sie sich selbst, genauso wie die soziale und kulturelle Umgebung verändern müssen. Es müssen Anpassungsprozesse an die neue Welt vollzogen werden, insbesondere auch im Hinblick auf die Überbevölkerung (siehe dazu Teil I, Kapitel 3). Bei einem solch langen Leben müssten neue Sinnhorizonte über das alltägliche Leben entwickelt werden und danach getrachtet werden, um Wiederholungen und Langeweile zu vermeiden, sich selbst und die Welt zu verändern.

Literatur

Dewey, John (1934). *A common Faith*. New Haven.

Epping, Bernhard et al.(1997). Klonen – was die Forscher wirklich können. Online: https://www.wissenschaft.de/allgemein/klonen-was-die-forscher-wirklich-koennen/ (abgerufen am 1.12.2021).

Ethikblog (2018). Klonen, bahnbrechende Erfindung oder Verletzung des Individuums. Online: https://ethikblogs.de/?p=4241 (abgerufen am 3.12.2021).

Feuerbach, Ludwig (1988). *Das Christentum*. Stuttgart.

Freud, Sigmund (1927). *Die Zukunft einer Illusion*. Leipzig.

Hakola, Outi (k. D.). Introduction to Human and Social Scientific Approaches to Death and Mortality. Online: https://helda.helsinki.fi/bitstream/handle/10138/158331/introduction.pdf (abgerufen am 3.12.2021).

Halfwassen, Jens (2008). *Neoplatismus und Christentum*. Berlin.

Herbstreit, Daniel (2014). Glauben ja, aber nicht an Gott. In: *Zeit Online* vom 17.10.2014.

Häyry, Matti (2010). *Rationality and the Genetic Challenge: Making People better*. Cambridge.

Jaspers, Karl (1963). *Der philosophische Glaube angesichts der Offenbarung*. München.

Marx, Karl (1976). *Kritik der Hegelschen Rechtsphilosophie, Band I*, S. 378–391. Berlin.

Maslow, Abraham (1981). *Motivation und Persönlichkeit*. Reinbek.

Maslow, Abraham (1973). *The Father Reaches of Human Nature*. New York.

Nietzsche, Friedrich (1994). *Werke*. Berlin.

Platon (2016). *Phaidon. Von der Unsterblichkeit der Seele*. Edition Holzinger. Berlin.

Precht, Richard (2015). Seele in der Philosophiegeschichte / „Die Seele ist ein göttliches Element des Menschen". Online: https://www.deutschlandfunk.de/seele-in-der-philosophiegeschichte-die-seele-ist-ein-goettliches-element-des-menschen.html (abgerufen am 7.12.2021).

Rationale Psychologie (2022). Online: https://dewiki.de/Lexikon/Rationale_Psychologie (abgerufen am 5.12.2021).

Sartre, Jean Paul (1968). *Ist der Existentialismus ein Humanismus?* Frankfurt am Main.

Stangl, Werner (2022). Kognitive Wende. Online: https://lexikon.stangl.eu/1174/kognitive-wende (abgerufen am 8.12.2021).

Teil II –

Ewiges Leben in den Religionen

8 Die Auferstehung und das ewige Leben im Christentum

Die persönliche Angst des christlichen Religionsstifters Paulus vor dem Tod und dem ewigen Danach

Bevor auf die christlichen Lehren des Todes, der Auferstehung und des ewigen Lebens eingegangen werden soll, ist es nicht nur von Bedeutung auf die Botschaften des Religionsgründers Paulus einzugehen, sondern auch auf ihn selbst, also auf seine Person und seine Gemütshaltung, um die Entwicklung seiner Lehren besser einordnen zu können. Was er über die Furcht vor dem Stachel des Todes oder über das im jüdischen Glauben verankerte Totenreich, das ewig dauern könnte, schreibt, sind Reflexionen eines selbst von dem Vorausblick auf die Zukunft gequälten Menschen. Seine täglichen Ängste vor dem Tod und dem Danach, die durch sein stark ausgeprägtes Ich immer wieder aufgekommen sind, bewegten ihn nach Alternativen zu der bevorstehenden schlimmen Zukunft zu suchen. Er will diesem Desaster der Zukunft entkommen und so brillant, wie er ist, entwickelt er eine systematische Theorie der Auferstehung und eines ewigen Lebens, die für ihn selbst, aber auch für andere überzeugend klingt. Immerhin gibt es gegenwärtig mehr als eine Milliarde Christen, die von seiner Lehre angetan sind. Der Ausgangspunkt seiner Theorie und Lehre ist die Sünde des Menschen, die durch Adam und Eva begangen wurde. Es ist für ihn die Allgemeinheit der Sünde, die zur Allgemeinheit des Todes führt (siehe Rahner 1958) und baut nunmehr Jesus, der eigentlich im Thomas Evangelium eine Erbsünde bestreitet, in sein theologisches Konzept ein, indem er ihn als Sohn Gottes und durch seine Kreuzigung als Erlöser von der menschlichen Sünde konstruiert. Nicht wenige Menschen betrachten die Botschaft als an den Haaren herbeigezogen oder unsinnig. Nietzsche bezeichnet sie als „schlimme Botschaft“ oder als ein Dysangelium (Nietzsche 1994, KSA 6, S. 212). Weiter unten soll die von Paulus konzipierte Botschaft der Sünde und der Erlösung durch Jesus Christus erörtert und kritisch unter die Lupe genommen werden.

Auch einer der größten Philosophen der Aufklärung, Kant, der immer als ausgeglichener Mensch idealisiert wird, soll, wie Paulus vor seiner christlichen Phase, durch den Tod traumatisiert worden sein und fand seine Antwort in der Transzendenz. Wenn es keine sittliche Perfektion in diesem Leben geben kann, die Gerechtigkeit nicht über die Ungerechtigkeit siegen kann, muss es ein Leben nach diesem Leben geben, in welchem die Förderung des Sittengesetzes Erfüllung finden kann (siehe Böhme und Böhme 1985, S. 479 f.).

Die zumeist vage christliche Vorstellung von der Auferstehung und dem Leben nach diesem Leben

Die Auferstehung und das ewige Leben sind die Grundpfeiler des christlichen Denkens. Folgender Kerninhalt ist im apostolischen Glaubensbekenntnis zu finden: „Ich glaube an die Auferstehung der Toten und das ewige Leben". Doch was ist mit dieser Aussage, an die jeder Christ glauben soll, gemeint? Machen sich die Christen tatsächlich Gedanken, was dieses Glaubensbekenntnis eigentlich impliziert und bedeutet. Wenn Jesus die Menschen am Ende der Tage vom Tod zum Leben erwecken soll und das Leben nun unendlich währen soll, wie stellen sich die Christen ein immerwährendes Leben, das Tausende, Millionen, Milliarden und mehr Jahre dauern könnte, vor. Viele von ihnen haben Schwierigkeiten, ihr Leben in einer Zeitdauer von 70 oder 80 Jahren sinnvoll zu leben und nunmehr sollen sie unendlich lange leben. Wie kann das möglich werden, außer es erfolgt eine göttliche Transformation des Menschen nach der Auferstehung, die dazu führt, dass das Leben nunmehr unter ganz anderen, bislang unbekannten Bedingungen aktualisiert werden kann, ganz anders wahrgenommen wird und eine total veränderte Geisteshaltung sich entwickelt hat. „Die meisten Christen", so Eldredge, „haben keine genaue Vorstellung davon, was in Zukunft auf sie zukommen wird; sie haben niemals auch nur einen Gedanken an die drei Dinge verschwendet, die sie als Erstes tun wollen, wenn sie in das Reich Gottes eintreten" (Eldredge 2018). Viele Christen haben „keine wirkliche Vorstellung, wie unsere ewige Existenz ‚aussehen' wird oder was sie beinhalten wird" schreiben Cosner und Bates (2017). Es herrscht die Meinung vor, dass sie ihre Bibel nicht so gründlich gelesen haben und dass sie auch nicht wüssten, welche Vorstellungen Jesus, Paulus, John oder Peter über den auferstandenen Menschen haben. Anhand einiger Texte des Neuen Testaments soll ein wenig Licht in das oft verdunkelte Bewusstsein der meisten Christen gebracht werden und diese biblischen Texte sollen kritisch beleuchtet werden.

Jesu Vorstellungen eines ewigen Lebens: Die Worte Jesu nach den Evangelien

Den bekanntesten Text Jesu aus Johannes 11, 25 und 26 haben wohl die meisten Menschen schon zu hören bekommen, wenn sich Jesus mit den folgenden Worten an Marta wendet: „Ich bin die Auferstehung und das Leben. Wer an mich glaubt, der wird leben, ob er gleich stürbe; und wer da lebt und glaubt an mich, der wird nimmermehr sterben". Es ist jedoch fraglich, ob die Christen den Text Jesu intensiv reflektiert und analysiert haben, geschweige denn, dass sie sich mit den Konzeptionen und Darstellungen des Apostels Paulus, für den Jesus die Grundlage seiner Konstruktionen der Auferstehung und eines ewigen Lebens war, vertraut gemacht haben.

Diese Selbstaussage „Ich bin" steht zumeist mit prädikativen Bestimmungen in Verbindung, wie z. B. „Ich bin das Licht der Welt. Wer mir nachfolgt, der wird nicht wandeln in der Finsternis, sondern wird das Licht des Lebens haben" (Johannes 8, 12). Ein anderer Text besagt: „Ich bin das lebendige Brot, das vom Himmel gekommen ist. Wer von diesem Brot isst, der wird leben in Ewigkeit. Und das Brot, das ich geben werde, ist mein Fleisch – für das Leben der Welt" (Johannes 6, 51). Ein weiterer Text lautet: „Ich bin der gute Hirte. Der gute Hirte lässt sein Leben für die Schafe" (Johannes 10, 11). In einer abschließenden Ich-Aussage sagt Jesus: „Ich bin der Weg und die Wahrheit und das Leben; niemand kommt zum Vater denn durch mich" (Johannes 14, 6). Die Worte Jesu, die in Form von Bildern veranschaulicht werden sollen, sind sehr einprägsam. Zweifelsohne sind die Aussagen Jesu metaphorisch zu verstehen. „Die Metaphern der Ich-bin-Worte stammen aus der Alltagswelt der Rezipienten und erhalten eine theologische Dimension" (Roose 2013). Die auf den Alltag bezogene Bildersprache können die Zuhörer/innen nachvollziehen, da sie ihren Alltag betreffen und auf ihre Sorgen eingehen.

> „Die Worte Jesu sollen dem Menschen helfen, das Leben in ihrem Alltag neu aufflammen zu lassen, sodass die Gegenwart des Heiles mitten im Leben der Glaubenden verheißt: Der Tod hat schon jetzt keine Macht mehr über sie, weil Jesus die Glaubenden und Liebenden auf die Seite des Lebens zieht" (Söding, S. 2, k. D.).

Was die Selbstaussagen Jesu zum ewigen Leben betreffen, so sind sie nicht nur auf die Zukunft, also eschatologisch zu verstehen, sondern das neue Leben und die neue Erde sollten bereits hier und jetzt vorweggenommen werden, denn das irdische Leben wird abgewertet, wenn das neue Leben erst nach dem Tod beginnen soll. In dem Sinne schreibt Martin Benz:

> „Beim ewigen Leben geht es weniger um das, was uns erwartet, wenn wir gestorben sind, sondern mehr um eine Lebensqualität und Lebensvitalität, die wir schon jetzt in Verbindung mit Gott erleben können. Ewiges Leben beginnt nicht, wenn wir gestorben sind; vielmehr beginnt es hier und es geht nicht einfach um ein Leben nach dem Tod, sondern darum, die Art von Leben zu haben, das sogar den Tod erträgt und überlebt, ein Leben, das vom ewigen Gott her und von der Ewigkeit her geprägt und gezeichnet ist" (Benz 2018).

Es geht also um das Leben in Fülle oder um ein würdiges und sinnvolles Leben bereits im Hier und Jetzt. Dieses qualitativ neue Leben soll schon im irdischen Bereich beginnen und in die Zukunft hinein reichen.

Das ewige Leben wird bei Jesus in Verbindung mit seinen Vorstellungen gebracht, der Menschensohn oder der Sohn Gottes, bzw. der Sohn des Vaters im Himmel zu sein, was seine Aussage legitimieren soll:

> „Und wie Mose in der Wüste die Schlange erhöht hat, so muss der Menschensohn erhöht werden, auf dass alle, die an ihn glauben, das ewige Leben haben. Denn also hat Gott die Welt geliebt, dass er seinen ein-

geborenen Sohn gab, auf dass alle, die an ihn glauben, nicht verloren werden, sondern das ewige Leben haben“ (Johannes 3, 14–16).

Im Gegensatz dazu ist die Rede von den Ungläubigen, die, statt ein ewiges Leben zu genießen, den Groll Gottes verspüren werden.

> „Wer an den Sohn glaubt, der hat das ewige Leben. Wer aber dem Sohn nicht gehorsam ist, der wird das Leben nicht sehen, sondern der Zorn Gottes bleibt über ihm“ (Johannes 3, 36).

In einem weiteren Text verkündet Jesus, dass die Gläubigen nicht ins Gericht kommen werden, sondern direkt von der Auferweckung ins ewige Leben übergehen werden.

> „Wahrlich, wahrlich, ich sage euch: Wer mein Wort hört und glaubt dem, der mich gesandt hat, der hat das ewige Leben und kommt nicht in das Gericht, sondern er ist vom Tode zum Leben hindurchgedrungen. Wahrlich, wahrlich, ich sage euch: Es kommt die Stunde und ist schon jetzt, dass die Toten hören werden die Stimme des Sohnes Gottes, und die sie hören, die werden leben“ (Johannes 5, 24 und 25).

Ein weiterer Text lautet: „Denn das ist der Wille meines Vaters, dass, wer den Sohn sieht und glaubt an ihn, das ewige Leben habe; und ich werde ihn auferwecken am Jüngsten Tage“ (Johannes 6, 40) oder „Wahrlich, wahrlich, ich sage euch: Wer glaubt, der hat das ewige Leben“ (6, 47) und „Wer mein Fleisch isst und mein Blut trinkt, der hat das ewige Leben, und ich werde ihn am jüngsten Tage auferwecken“ (6, 54). Diese Texte erwecken den Eindruck, als ob Jesus sich als wirklicher, leiblicher Sohn Gottes hochstilisierte, der von seinem Vater die Macht übertragen bekommen hat, den Gläubigen das ewige Leben zu bescheren, indem er sie sogar vom Tode auferweckt und die Ungläubigen zu verdammen. Jesu Texte über die Auferstehung und das ewige Leben zeigen deutlich, dass Jesus sich als eingeborenen Sohn Gottes hochstilisiert, der seinen Ansprüchen zufolge, dem Ewigen entsprungen ist und daher auch seinen Anhängern ewiges Leben versprechen und sie selbst auferwecken kann. Er bezeichnet sich als Menschensohn, als Gott, der Mensch geworden ist. Wer an ihn glaubt, wird das ewige Leben haben, wer nicht an ihn glaubt, wird nicht seinen, sondern den Zorn Gottes erfahren und wird nicht vom Tod ins ewige Leben übergehen. Nach der altkirchlichen Lehre ist Jesus eben sowohl Gott als auch Mensch und die gläubigen Christen haben keine Schwierigkeit, Jesus als Sohn Gottes zu sehen. Es scheint jedoch jeglicher Logik zu widersprechen, eine Identität von Jesus als Mensch und Gott, von Vergänglichkeit und Ewigkeit aufrecht zu erhalten. Das ist so unlogisch, wie die Redewendung „das dauert ja ewig und drei Tage“. Selbstverständlich muss man immer vorsichtig sein, die obigen Texte als eindeutige Worte Jesu zu bezeichnen, denn die Evangelisten, die sie Jahrzehnte später verfassten, haben oft ihre eigenen Vorstellungen und Wünsche in die Evangelien einfließen lassen. Weiter unten sollen noch weitere Deutungen des Begriffes Menschensohn diskutiert werden.

Die auferstandenen Gläubigen werden, Jesus zufolge, den Engeln gleichen; sie werden leuchten, schön und rein sein sowie sich nicht länger vermählen. Jesus sagt:

> „Die Menschen, die das ewige Leben erhalten, werden den Engeln gleich sein, sagt Jesus: Denn in der Auferstehung werden sie weder heiraten noch sich heiraten lassen, sondern sie sind wie Engel im Himmel“ (Matthäus 22, 30).

Anscheinend wird es nach der Auferstehung nicht länger die Kleinfamilie mit ihren räumlichen und sozialen Abgrenzungen geben, sondern nur noch die große Gemeinschaft sich gegenseitig erleuchtender Personen. Nach Kreitmeir wird beim auferstandenen Menschen auch die in modernen Gesellschaften weit verbreitete Selbstsucht verschwinden:

> „Engel sind Boten Gottes, sie sind durch und durch durchdrungen von einer sie selbst übersteigenden Botschaft. Menschen sind in ihrem Leben mehr oder weniger immer auf sich selbst bezogen, ihr Ego schiebt sich immer wieder leicht nach vorne. Wenn ein Mensch aber lernt, immer mehr von sich selbst Abstand zu nehmen, zuerst sich für andere einzusetzen und dann auch noch von einer hoffnungsvollen und

beseelenden Botschaft durchdrungen ist, dann sagen wir gerne: Er/Sie ist wie ein Engel!" (Kreitmeir 2019).

Nicht wenige Christen hatten in der Geschichte des Christentums Schwierigkeiten mit der Identität Jesu, der von sich behauptete, sowohl Gott als auch Mensch zu sein. Aus diesem Grunde gab es immer wieder Auseinandersetzungen mit dieser Thematik. So z. B. nimmt der Adoptianismus Jesus nicht als wesenhaft Gott wahr, sondern nur als einen zum Gottessohn adoptierten Menschen. Im Hinblick auf seine Menschheit wird er als „filius adoptivus" und im Hinblick auf seine Gottheit als „filius proprios" konstruiert (siehe Grillmeyer 1993, S. 165–167).

Einige Kritiker erschließen aus gewissen Bibel-Versen, dass Jesus sich selbst als Mensch und nicht als Gott begriff. Der Begriff Sohn Gottes, den er benutzte, wurde im damaligen Kultur- und Religionsverständnis als einer, der Gott nahe ist, als Diener Gottes verstanden. Darüber hinaus ließ er sich nicht anbeten und würdigte nur Gott als gut und nicht sich selbst (Lukas 18, 19). Ferner betrachtete er sich als Menschensohn (Matthäus 12, 40 und 16, 12), um sich so von Gott zu unterscheiden (siehe Olari 2016). Nach solch einer Lesart der Texte wird es schwieriger an die Auferstehung und ein ewiges Leben zu glauben, da es dem Nur-Menschen Jesu nicht zugetraut wird, solche Transformationen zu einem neuen und ewigen Leben zu bewirken.

Paulus' Konstruktionen der Auferstehung der Toten

Im Folgenden soll eine Auswahl der Texte des Apostels Paulus einige Hinweise auf die Auferstehung der Toten und auf das ewige Leben geben, denn er wird als der Gründer und Baumeister der christlichen Religion hochstilisiert. Für ihn ist die Auferstehung Jesu ein Faktum, denn er soll von vielen Menschen als Auferstandener gesehen worden sein und so polemisierte er vor allem gegen die Sadduzäer, die dies leugneten und gegen solche korinthischen, heidnischen und jüdischen Gemeindemitglieder, die nicht mit den Vorstellungen des Apostels übereinstimmten.

Wenn es aber nunmehr die Wahrheit ist, so Paulus, dass „Christus von den Toten auferweckt worden ist, wie können dann einige von euch sagen: Eine Auferstehung der Toten gibt es nicht?“ (1. Kor. 15, 12). Nicht an die Auferstehung zu glauben, impliziert nach Paulus, dass auch Christus nicht auferweckt worden ist (1. Kor. 15, 13). „Ist aber Christus nicht auferweckt worden, dann ist unsere Verkündigung leer und euer Glaube sinnlos.“ (1. Kor. 15, 14). Er fährt fort mit folgender Schlussfolgerung: „Denn wenn Tote nicht auferweckt werden, ist auch Christus nicht auferweckt worden“ (1. Kor. 15, 16). Wäre Christus nicht auferweckt worden, dann wäre der Glaube an die Vergebung der Sünden und an ein ewiges Leben hinfällig (1. Kor. 15, 17). Alle, die im Glauben an Jesus verstorben sind, wären dann für immer verloren oder dem Nichts ausgesetzt (1. Kor. 1, 15, 18).

Von den falschen Behauptungen einiger seiner Zuhörer und Kritiker geht Paulus nunmehr über zu der für ihn nicht zu bezweifelten und gesicherten Wahrheit, dass Jesus auferstanden ist. Durch Adam kam die Sünde in die Welt und mit ihr der Tod, mit dem auferstandenen Jesus dagegen stellt sich die Wende ein, so Paulus’ Argumentation: „Nun aber ist Christus auferweckt von den Toten als Erstling unter denen, die entschlafen sind. Da durch einen Menschen der Tod gekommen ist, wird auch durch einen Menschen die Auferstehung der Toten kommen“ (1. Kor. 15, 21 und 22). Oder: „Denn wie durch Adam alle sterben, so werden auch durch Christus alle lebendig gemacht werden“ (ebenda). Der Apostel baut diese These weiter aus, wenn er der Sünde, der menschlichen Schande, der Entwürdigung, Schmach und Endlichkeit, die Kraft Gottes und seine Ewigkeit gegenüberstellt. Er schreibt: „So verhält es sich auch mit der Auferstehung der Toten: Gesät wird in Vergänglichkeit, auferweckt wird in Unvergänglichkeit“ (1. Kor. 15, 42). „Gesät wird in Ehrlosigkeit, auferweckt wird in Kraft“ (1. Kor. 15, 43).

Gewisse jüdische Gruppierungen, mit Ausnahme der Pharisäer, lehnten zu Zeiten Jesu, die von ihm vertretene These einer Auferstehung ab. Paulus setzt sich mit ihnen auseinander und will die Kraft Gottes zeigen, der Unmögliches möglich machen kann. Doch Paulus konnte kaum Einfluss auf die korinthischen Gemeindemitglieder nehmen, denn die Botschaft des Apostels entsprach nicht deren Vorstellungen, wie M. C. de Boer (1988) deutlich macht. Er diskutiert mehrere verschiedene Haltungen gegenüber der paulinischen

Auferstehungsbotschaft. Zum einen lehnt eine Gruppe der Korinther, wie die Sadduzäer die Auferstehung der Toten ab. Eine andere Gruppe vertrat die Auffassung, dass nur die bei der bald zu erwartenden Wiederkunft Jesu noch Lebenden, nicht jedoch die bereits Verstorbenen an dem neuen himmlischen Reich teilnehmen könnten, während die Toten nicht auferweckt werden würden. Eine weitere Konzeption beruhte auf der platonischen Seelenlehre, nach der nicht der Leib, sondern die Seele weiter existieren würde. Eine andere Gruppe bestand auf einer Auferstehung in diesem Leben und bestritt eine zukünftige Auferstehung. Paulus hatte es nicht einfach, seine eigenen Vorstellungen der Auferstehung und eines ewigen Lebens den korinthischen Zuhörern aufzuerlegen, da eine Vielfalt unterschiedlicher Perspektiven dort vorherrschten, die eine Unterordnung unter die Konzeptionen des Apostels Paulus schwierig gestalteten.

Paulus' Konzeptionen der Auferstehung der Toten und der Verwandlung der Lebenden

Die paulinische These ist, dass Jesus von den Toten auferweckt worden ist und seine Schlussfolgerung die, dass daher auch die Gläubigen auferweckt werden können. Ohne die Auferstehung Jesu gibt es keine Auferstehung der Christen. Seine Gegenthese ist die: Sollte jedoch Jesus nicht von den Toten auferweckt worden sein, dann können auch die Gläubigen nicht auferweckt werden und ihr Glaube ist sinnlos und leer. So zentriert der Apostel Paulus seine Botschaft der Auferstehung einzig und allein auf die Auferstehung Jesu, die dann die Auferstehung der gläubigen Christen zur Folge hat. Wer diese paulinische Prämisse ablehnt, lehnt die Botschaft der Auferstehung ab. Das Pastors Home betrachtet diesen Text als den „logischsten aller Predigttexte! ‚Logisch', nicht im Sinne von ‚sofort einsichtig', sondern deshalb logisch, weil er ein dichtes Netz von logischen Verknüpfungen webt, das fast an ein Computerprogramm erinnert: Wenn … dann. Wenn nicht … dann nicht … und das dann auch nicht. Das heißt: Wir wären … weil … obwohl" (Pastors-Home 2016). Mag die Lehre der Auferstehung in der paulinischen Argumentation noch so logisch klingen, doch für Kritiker ist sie und bleibt sie humbug, auch wenn Paulus Beweise der Auferstehung Jesu vorlegen will, indem er zu Beginn des 15. Kapitels im Korintherbrief die Auferstehung darzulegen versucht, denn er sei von vielen Menschen gesehen worden und zudem von ihm selbst, der zur damaligen Zeit die Gemeinde Gottes verfolgt habe.

Nach Paulus soll es zwei Gruppen von Gott- und Jesusgläubigen geben, denen nach der Rückkehr Jesu das ewige Leben zuteilwerden wird: zum einen die noch Lebenden und zum anderen die auferweckten Toten. Die noch Lebenden werden verwandelt von ihrem bislang vergänglichen Körper zu einem unvergänglichen Leben, während die Toten zu einem ewigen Leben auferweckt werden. Paulus schreibt über den Tod, das ewige Leben und die Verwandlung der noch lebenden Gläubigen Folgendes:

> „Alle die Christen werden nicht entschlafen, aber alle werden sie verwandelt werden, im Nu, in einem Augenblick, bei der letzten Trompete. Denn es wird die Trompete erschallen, und die Toten werden als Unvergängliche auferweckt werden, und *die Christen* werden verwandelt werden" (1. Korinther 15, 52).

Mehrere Fragen stellen sich jedoch im Kontext der Auferstehung und der Verwandlung. Was geschieht mit Nicht-Christen, die anderen Religionen angehören und die nicht Christus als ihren Erlöser betrachten, sondern sich anderen Göttern in voller Hingabe und Frömmigkeit widmen? Werden diese religiösen Menschen nur nicht auferstehen und verwandelt, weil sie nicht christlich ausgerichtet sind, selbst wenn sie in voller Hingabe und Aufrichtigkeit einen anderen, aber als falschen Gott Etikettierten verehren? Und was ist mit denjenigen, die keiner Religion angehören, aber moralisch gesehen gute Menschen sind? Ist dieses christliche Denken nicht stark von abendländisch westlichen Vorstellungen geprägt, das anderes Denken diskriminiert, degradiert und ausschließt?

Eine Transformation vom sterblichen zum ewigen Menschen manifestiert sich auch in der Verwandlung des irdischen zu einem himmlischen Wesen oder von irdischen zu himmlischen Leibern. Der Apostel zeigt die Differenz zwischen irdischen und himmlischen Wesen wie folgt auf: „Und es gibt himmlische Leiber und irdische Leiber; aber anders ist der Glanz der himmlischen, anders der der irdischen" (1. Korinther 15, 40). Oder spricht er von den glänzenden himmlischen Leibern im Vergleich zu den weniger scheinenden irdischen Leibern. „Anders ist der Glanz der Sonne und anders der Glanz des Mondes und anders der Glanz der Sterne. Ein Stern unterscheidet sich freilich vom anderen an Glanz“ (1. Korinther 15, 41). Der himmlische Mensch ist, Paulus zufolge, nicht irdischer, sondern himmlischer Natur: „Der erste Mensch ist von Erden, irdisch, der zweite Mensch ist vom Himmel“ (1. Korinther 15, 47).

Paulus vergleicht die Auferstehung mit einem Samenkorn:

> „Es wird gesät ein natürlicher Leib, es wird auferweckt ein geistiger Leib. Ist ein natürlicher Leib, so ist auch ein geistlicher Leib. Wie es geschrieben steht: Es wurde der erste Mensch, Adam, zu einer lebendigen Seele, der letzte Adam zu einem lebendig machenden Geist“ (1. Korinther 15, 44 und 45).

Wischnath kommentiert diese Verse des Apostels Paulus wie folgt:

> „Der Samen verschwindet in der Erde, als ob er begraben wird. Und doch wisst ihr genau: Aus dem ausgesäten Samen kommt neues Leben, ein neuer Keim, eine Pflanze. So ähnlich geht es mit der Auferstehung des Fleisches: Auch unser Leib wird begraben und verwest, und doch wird Gott einmal einen neuen Leib ins Leben rufen. Wie am Schöpfungstag, wie ganz am Anfang aller Zeit wird Gott das Wort sprechen: ‚Es werde …‘“ (Wischnath 2010).

An anderer Stelle spricht der Autor auch, in Anlehnung an Paulus von einer Verwandlung des natürlichen zu einem geistlichen Leib; diese Transformation soll zeigen, wie im geistlichen Leib die göttliche Schöpferkraft wirkt, die im natürlichen Leib nicht gegeben ist. Ist der natürliche Leib durch Alter und Krankheit gekennzeichnet, so ist der himmlische Leib frei von den Kennzeichen des alternden Lebens (siehe ebenda). Gott bewirkt nach Paulus die Übergänge vom fleischlichen zum geistlichen Leib, er, für den in seiner Allmacht alles möglich ist, entscheidet über „die künftige Gestalt eines Körpers“ und kreiert einen „himmlischen Herrlichkeitsleib, der der Ewigkeit entspricht“ (siehe Evangelische Gemeinde 2011, S. 4). Aber wie dieser aussehen sollte, darüber werden wir nicht informiert. Vielleicht ist es auch für endliche Menschen gar nicht vorstellbar, welcher Art von Umgestaltung der Leib erfahren wird, wenn er vom Zeitlichen zum Zeitlosen transformiert wird, denn über das Ewige können die von der Endlichkeit geprägten Menschen nicht sinnvoll sprechen. Was Paulus den Gläubigen zu ihrer möglichen Transformation und zu ihrem ewigen Leben übermitteilen will, basiert auf mystischen Gedankengängen (siehe Theissen2013). Die paulinische Mystik ist darauf ausgerichtet, mithilfe völliger Hingabe und Versenkung, eine Vereinigung mit dem Göttlichen zu erreichen. „Wer Mystik praktiziert, will … nicht den Weg des Verstandes, sondern den des Herzens, also des Gefühls, gehen" (Erb 2020). Wenn der Verstand jedoch ausgeschaltet wird, dann können die Gefühle dominant werden und an Dinge geglaubt werden, die sich der Kopf niemals vorgestellt hätte. Paulus war in der Lage, auf die Gefühle der Menschen einzuwirken und eine Wahrheit und Wirklichkeit zu propagieren, die weder jeglichen Verstand ist.

Zusammengefasst kann also festgehalten werden, dass der Mensch mit einem neuem Leib ein makelloses Leben in Fülle haben wird, im Gegensatz zu dem sich durch Schwäche und körperlichem Verfall manifestierenden natürlichen Leib, der durch Ärzte und Pfleger aufgefangen werden muss. Werden im Alter krankheitsbedingt die Freiheit, die Erwartungen und Hoffnungen eingeschränkt, sollen nunmehr im geistlichen Körper alle körperlichen Defizite wegfallen und der ewige Mensch wird sich ohne jegliche Einschränkungen frei bewegen können. Kommt der Lebensfluss im Alter allmählich zum Stottern, bis er schließlich versagt, ist er im geistlichen Leib unendlich fließend. Es ist die Liebe zum Leben, die den himmlischen Leib charakterisieren lässt und sich dadurch zeigt, dass die Freude am eigenen Leben ständig gemehrt wird und es ist der Wunsch, immer höhere Formen des Lebens zu realisieren. Ist das Ringen um Sinn und nicht selten gegen Sinnlosigkeit leider oft ein Teil des irdischen Lebens, so zeigt sich ein fortwährend sinnvolles Leben im geistlichen oder himmlischen Leib. Dieser Leib soll sich im ständigen Wachsen und Werden befinden und äußerstes Wohlbefinden im Leben empfinden, denn er fühlt sich geborgen im Reiche Gottes. An diese Neuschöpfung zu glauben, impliziert, dass man bereits an die erste Schöpfung, wie sie im ersten Buch Mose beschrieben wurde, glaubt. Im paulinischen Verständnis wird deutlich, dass die Menschen es aus sich heraus, da sie als Sünder abgewertet werden, nicht schaffen werden, solch ein entzückendes Leben hier auf Erden zu realisieren. Ist die Sünde in der Tat der Grund für das das körperliche, psychische, soziale, geistige und geistliche Unvermögen der Menschen, die eine neue Welt aufzubauen verhindert? Ist die fleischliche irdische Natur so schwach und das Geistliche außer Reichweite, sodass wir es nicht aus eigener Kraft oder aus eigenem Vermögen machen können? Hat Freud doch vielleicht Recht, dass wir uns wie kleine Kinder verhalten, die stets zu ihrem Vater hochschauen, um von ihm, von oben, Hilfe für das Leben zu erwarten, ohne uns selbst helfen zu können. Zweifelsohne ist es zu beobachten, wie Menschen sich zu Untertanen machen lassen und dass bei vielen Menschen das Vermögen fehlt, die Welt zu einem besseren Ort zu machen. Aber es gibt nichtsdestotrotz andere Menschen, die sich selbst empowern oder sich selbst formieren trotz ihrer vermeintlich fleischlich irdischen Natur. Sie werden eigenverantwortlich produktiv und nehmen Einfluss auf die Welt; deren Ziel ist es, Ungerechtigkeiten entgegenzuwirken und für eine Humanisierung der globalen Lebensverhältnisse zu kämpfen.

Die Worte des ewigen Lebens vom Apostel Paulus

Paulus schreibt in Galater 6. 8: „Das ewige Leben ist vom Geist bestimmt: Denn wer auf sein Fleisch sät, wird vom Fleisch Verderben ernten; wer aber auf den Geist sät, wird vom Geist ewiges Leben ernten". Paulus benützt hier eine Bildsprache, um den Unterschied zwischen ewigen Leben und ewiger Verdammnis zu veranschaulichen. Was heißt es, entweder auf den Geist oder auf das Fleisch zu säen? Nach Bai (2020) säen wir dann auf den Geist, „wenn wir den Heiligen Geist in uns wirken lassen und dementsprechend nach den Maßstäben Gottes leben, tun was Gott von uns will. Dabei geht es nicht um spektakuläre Taten, sondern ganz schlicht darum, dass wir ‚Gutes tun'. Da eröffnet sich uns ein weites Betätigungsfeld" (Bai 2020). Aber was ist das Gute, das zu tun ist? Was sind die guten im Gegensatz zu den bösen Menschen? Dazu schreibt Paulus im Römerbrief 2, 7.

> „Das ewige Leben für die Guten, Verdammnis für die Schlechten: Gott vergilt jedem nach seinen Werken: Den einen, die durch beständiges

> gutes Werk Herrlichkeit, Ehre und Unvergänglichkeit erstreben, ewiges Leben; den anderen aber aufgrund von Selbstsucht und weil sie der Wahrheit ungehorsam, aber dem Unrecht hörig sind, Zorn und Grimm".

Die gotttreuen Menschen sollen sich also durch beständige gute, auf Herrlichkeit, Ehre und Unvergänglichkeit ausgerichtete Werke auszeichnen, was sehr abstrakt und unspezifisch ist, ganz im Gegensatz zu der praktischen Ethik der Bergpredigt Jesu, nach welcher als das alltäglich Gute die Nächstenliebe, Feindesliebe, Samariterdienste, Barmherzigkeit, soziale Gerechtigkeit und vieles mehr gefordert wird. Verdammnis für die bösen Menschen, die selbstsüchtig sind, Unrecht tun und sich der göttlichen Wahrheit entziehen. Auf das Fleisch, statt auf den Geist zu hören, resultiert in Selbst- und Genusssucht. Das wäre nach Paulus die Sünde. Da jedoch alle Menschen Sünder sind, also nicht nur die selbstsüchtigen, besteht der Unterschied darin, dass die einen den Heiligen Geist in sich wirken lassen und den Maßstäben Gottes entsprechend leben, während andere das nicht tun und sich dadurch das ewige Leben verscherzen. Nichtsdestotrotz kann der Mensch, Paulus zufolge, nicht durch gute Werke allein gerettet werden, sondern nur durch die Gnade Gottes, die ein ewiges Leben ermöglicht:

> „Wo aber die Sünde anwuchs, wurde die Gnade noch reichlicher, damit, wie die Sünde in dem Tod an die Herrschaft kam, so auch die Gnade zur Herrschaft komme durch Gerechtigkeit zu ewigem Leben, durch Jesus Christus, unseren Herrn" (Römer 5, 20).

Die an Gott und Jesus glaubenden Christen wird das ewige Leben zuteil, nicht nur den Juden, vielmehr auch den sündigen griechischen und römischen Heiden, die sich zu Gott und Jesus bekannt haben.

> „Jetzt aber, nachdem die römischen Christen von der Sünde befreit und Gott versklavt worden sind, haben sie ihre Frucht zur Heiligung, als Endergebnis aber ewiges Leben" (Römer 6, 22).

Von der Sünde- zur Gottesversklavung gilt somit als der Heilprozess zum ewigen Leben. Der Vorgang ist stets einer der Unterwerfung. Aber wie wird das ewige Leben in einer theokratischen Welt selbst aussehen? Wird alles von Gott aus gelenkt und gestaltet? Viele freiheitsgesinnte Menschen würden solch ein ewiges Leben ablehnen, da sie ihr Leben selbst bestimmen und regulieren wollen. Sie wollen keine von Gott auferlegte Individualität, sondern sind auf eine selbstgestaltete Subjektivität ausgerichtet und wenn diese nicht gegeben sein sollte, ist für sie das ewige Leben nicht wünschenswert.

Die Worte in der Apostelgeschichte

Paulus predigte die Botschaft vom ewigen Leben den Juden und den Heiden. Die Juden waren sehr zurückhaltend und viele von ihnen waren der paulinischen Botschaft nicht wohlgesonnen, waren aber oft neidisch über die große Menge von Heiden, die die christliche Botschaft wohlwollend aufnahmen.

> „Die Heiden werden zu Christen und zu Empfängern des ewigen Lebens: Am folgenden Sabbat kam fast die ganze Stadt zusammen, um das Wort Gottes zu hören“ (Apostelgeschichte 13, 14).

Die Heiden hatten ihre eigenen Götter, waren häufig Anhänger des griechischen und römischen Pantheons, einige auch des Mithraskults sowie von der platonischen Seelenlehre angetan, doch ein ewiges Leben wurde ihnen bislang in solch einer Deutlichkeit nicht versprochen.

> „Als aber die Juden die Massen sahen, wurden sie eifersüchtig und widersprachen dem, was Paulus sagte, wobei sie lästerten“ (Apostelgeschichte 13, 45).

Paulus und Barabas begründeten ihre schwerpunktmäßig auf die Heiden ausgerichtete Mission mit den folgenden Worten:

> „Zu euch [den Juden] musste das Wort Gottes zuerst geredet werden. Da ihr es aber von euch stoßt und euch selbst des ewigen Lebens nicht würdig erachtet, siehe, so wenden wir uns den Heiden zu." (Apostelgeschichte 13, 46).

Außerdem war Paulus der Überzeugung, dass es das Gebot Gottes war, denn „so hat uns der Herr geboten: ‚Ich habe dich zu einem Licht der Heiden gemacht, dass du zum Heil sein sollst bis an das Ende der Erde'" (Apostelgeschichte 13, 47).

Paulus war ein überzeugender Redner, ein exzellenter Rhetoriker, der trotz erheblichem Widerstand hin und wieder mit seiner Botschaft viele Menschen vom himmlischen Dasein überzeugte. Er war zudem in der Lage, den immer wiederkehrenden Konflikt zwischen Hebräern und Hellenisten, zwischen Judenchristen und Heidenchristen zu schlichten. Die Judenchristen wollten den Heidenchristen die jüdischen Gesetze und Rituale auferlegen, was Paulus mit der Begründung ablehnte, dass die Nicht-Juden nicht erst zum Juden werden müssten, um Christen zu werden. Nicht wenige freuten sich über die Botschaft der Erlösung durch Jesu Christi und schauten voller Hoffnung auf die Auferstehung und das ewige Leben.

> „Als die Heiden das hörten, freuten sie sich und priesen das Wort des Herrn; und alle, die zum ewigen Leben bestimmt waren, kamen zum Glauben" (Apostelgeschichte 13, 48).

Sie wurden nunmehr zu einem globalen Licht der Welt, das andere Heiden erleuchtete. Selbst als Kritiker der christlichen Auferstehungslehre und des ewigen Lebens, kann man nicht umhin, die von Paulus voller Begeisterung vorgetragene Botschaft und den von ihm konstruierten Glaubenskodex als in sich schlüssig zu bewundern und als eine Stütze für ein, von vielen angestrebtes und gewünschtes ewiges Leben zu honorieren. Ihm zufolge hängt der christliche Glaube von der Auferstehung Jesu ab, die für ihn immer wieder zum Ausgangspunkt seiner Mission wurde. Glaubt man nicht an diese Auferstehung Jesu, dann fällt der christliche Glaube in sich zusammen.

Kritik an der Auferstehungslehre des Apostels Paulus

Im Unterschied zum damaligen antiken Korinth, wo einige Menschen die Auferstehung ablehnten, aber ein Großteil an die Auferstehung glaubten, wenn auch in einer bestimmten Differenz zu der paulinischen Auffassung, sind diejenigen, die an die Auferstehung und an ein ewiges Leben in der heutigen Zeit glauben, die überwiegende Minderheit. Eine repräsentative Umfrage des TSN Emnid Meinungsforschungsinstituts bestätigt, dass ungefähr ein Drittel der Deutschen an die Auferstehung Jesu Christi glauben, während 62 Prozent der Deutschen die Ostergeschichte ablehnen (Osterumfrage 2015). Das durch die Aufklärung überlieferte rationale Denken lässt Zweifel an solchen Überlieferungen aufkommen. Die Auferstehung wird zumeist als Aberglaube, Mythos oder als bloßes Wunschdenken abgetan, denn sie widerspricht dem gesunden oder aufgeklärten Menschenverstand und es ist wider jeglichen Verstand anzunehmen, dass die Sünde den Tod verursacht haben soll und die Kreuzigung eines von Gott gesandten Sohnes die Erlösung bringen kann.

Viele aufgeklärte Menschen in der Moderne möchten zwar nach dem Tod weiterleben, wünschen sich ebenfalls ein ewiges Leben, weigern sich jedoch solche christlichen, antirationalen Konstruktionen, die für sie völlig sinnlos erscheinen, zu akzeptieren. Sie gehen oft konform mit bereits vorhandener Kritik an der Auferstehungsbotschaft und machen sich diese zu Nutze. Mit den folgenden Argumenten wurde bislang Jesu Auferstehung infrage gestellt. Eine These besagt, dass Jesus aus dem Grab verschwunden sei, nicht weil er auferstanden sei, sondern weil der Leichnam gestohlen wurde. Eine andere These ist die, Jesus sei nicht Essig verpasst worden; vielmehr sei es ein Betäubungsmittel gewesen, das ihn vor dem Tod schützte und es ihm ermöglichte, wieder zu erscheinen und dann von seinen Anhängern als Auferstandener hochstilisiert zu werden. In einer weiteren These soll es nicht Jesus gewesen sein, der gekreuzigt wurde, sondern ein ihm ähnlich sehender Mensch. Jesus selbst habe sich nach Indien abgesetzt, wo Berichte über ihn existieren sollen. Die weit verbreitete These, die Auferstehung Jesu zu widerlegen, ist allerdings die, dass die Nachfolger Jesu sich mit dem Tod Jesu nicht zurechtfinden konnten und Visionen eines verwandelten Jesu entwickelten. Diese von Gerd Lüdemann vertretene Hypothese der subjektiven Vision (siehe Lüdemann1994) beruht auf einer Sehnsucht nach einer eigenen Auferstehung und einem ewigen Leben, das Jesus und Paulus ihnen in ihren Botschaften verkündet hatten und das sie hoffnungsvoll und zuversichtlich stimmte. Der Tod Jesu war nunmehr eine bittere Enttäuschung für die Nachfolger Jesu. Sie fielen in ein tiefes Loch, aus dem sie nur mithilfe von Halluzinationen wieder herauszukommen versuchten. In diesem Sinne entwickelten Christusnachfolger/innen der damaligen Zeit sehr wahrscheinlich Massenhalluzinationen. Gustave Le Bon beschreibt diese Massenhalluzinationen als Kollektivtäuschungen, wobei das Beobachtungsvermögen und der kritische Geist schwinden sollen. Die Halluzinationen betreffen zumeist leichtgläubige und leicht beeinflussbare Menschen und solch eine Gemütshaltung sollen seine Nachfolger gehabt haben. Ihre Überzeugungen wurden zumeist unkritisch akzeptiert, sodass Wunschvorstellungen ihr Leben bestimmen konnten. Was in der Realität nicht ist, muss in der Vorstellung werden. Halluzinationen sind sehr konservativ und äußerst hartnäckig (siehe Le Bon 1950). Es ist schwierig, sie mithilfe von Kommunikationsprozessen zu beeinflussen. Um die Massenhalluzinationen sich selbst plausibel zu machen, sprechen die Gläubigen von einem verklärten Leib Jesu. Dass er durch geschlossene Türen gehen konnte, soll seine himmlische Verwandlung manifestieren, doch diese Erklärung verstößt wiederum gegen jedwedes rationale Denken, es widerspricht dem Alltagswissen und Erfahrungen sowie den wissenschaftlichen Gesetzmäßigkeiten. Zweifelsohne ist solch eine antinaturwissenschaftliche Vorstellung und solch ein auf Halluzinationen aufbauender Glaube, psychologisch und religiös gesehen, nicht total zu verwerfen, denn er soll den Menschen eine Orientierung in ihrem Leben geben und soll ihnen zudem einen Halt, eine gewisse Zuversicht wie auch Sicherheit und insbesondere Geborgenheit geben (siehe Stiefelhagen 2016). Der Glaube soll vielen Menschen Trost, Mut und Kraft geben, die bitteren Enttäuschungen im diesseitigen Leben durchzustehen und mithilfe der Wunschprojektionen eines ewigen Lebens und einer neuen Erde Hoffnung zu schöpfen, die ja auch dem, von Angst vor dem Tod geplagten Apostel Paulus in seinen christlichen Kreationen zugrunde lagen, denn Angst kann lähmend auf die Seele einwirken. In dem titelgebenden Satz des Films von Rainer Werner Fassbinder „Angst essen Seele auf" wird gezeigt, wie viel Angst das alltägliche Leben zerstören kann

(Fassbinder 1974). Der Glaube soll die Angst besiegen. Religion soll primär ein Instrument der Angstbewältigung sein, so der Neurobiologe Illing (2014).

Literatur

Benz, Martin (2018). Das ewige Leben beginnt im Hier und Jetzt. Online: https://www.igw.edu/ch/ressourcen/blog/diverses/Leitartikel-Dezember.php (abgerufen am 30.12.2021).

Böhme, Hartmut und Böhme, Gernot (1985). *Das Andere der Vernunft*. Frankfurt am Main.

Cosner, Rita und Bates, Gary (2017). Die neue Erde. Online: https://schöpfung.info/index.php/artikel-erde/44 (abgerufen am 28.12.2021).

De Boer, M. C. (1988). *The Defeat of Death*. Sheffield.

Eldredge, John im Gespräch mit Katharina Gutermuth (2018). Der neue Himmel und die neue Erde. Online: https://brunnen-verlag.de/blog/autoren/der-neue-himmel-und-die-neue-erde-interview-mit-john-eldredge (abgerufen am 23.12.2021).

Erb, M. J. (2020). Mystik. Online: herder.de/religion-spiritualitaet/spiritualitaet/mystik/ (abgerufen am 20.11.2021).

Evangelische Gemeinde (2011). Bibelstunde vom 11.11.2011. Die Auferstehung: Die Umgestaltung des Leibes. Online: egwynental.ch/sites/egwynental.ch/files/download/bibelstunde/2011-11-11.pdf (abgerufen am 18.11.2021).

Fassbinder, Rainer Werner (1974). Angst essen Seele auf. Online: https://www.cinema.de/film/angst-essen-seele-auf-1254220.html (abgerufen am 20.11.2021).

Grillmeyer, Alois (1994). Adoptianismus. In: *Lexikon für Theologie und Kirche*, Band 1, S. 165–167. Freiburg.

Kreitmeir, Christoph (2019). Den Engeln gleich. Online: https://www.katholisch.de/artikel/23527-de-engeln-gleich (abgerufen am 22.12.2021).

Le Bon, Gustave (1950). *Psychologie der Massen*. Stuttgart.

Lüdemann, Gerd (1994). *Die Auferstehung Jesu*. Göttingen.

Luther Bibel (2017). Hrsg. Deutsche Bibelgesellschaft. Stuttgart.

Nietzsche, Friedrich. (1994). *Werke*. Berlin.

Olari, Adenino (2016). 90 Verse sagen: Jesus ist nicht Gott. Online: https://www.islamreligion.com/de/articles/10454/90-verse-sagen/ (abgerufen am 20.12.2021).

Osterumfrage (2015). Wer glaubt an die Auferstehung Christi, In Focus vom 9.9.2015. Online: https://www.focus.de/panorama/vermischtes/wer-glaubt-an-die-auferstehung-jesu-christi-oster-umfrage_id_2094715.html (abgerufen am 23.12.2021).

Pastors-Home (2016). Ohne Auferstehung ist alles nichts. Online: https://www.pastors-home.de/?p=2635 (abgerufen am 20.12.2021).

Rahner, Karl (1958). *Zur Theologie des Todes*. Freiburg/Breisgau.

Roose, Hanna (2013). Die Ich-bin-Worte. Online: https://www.bibelwissenschaft.de/wibilex/das-bibellexikon/lexikon/sachwort/anzeigen/details/ich-bin-worte-1/ch/fb5066945f0fbf929694e1f0187e4f60/ (abgerufen am 27.12.2021).

Söding, Thomas (k. D.). Die Ich-bin-Worte des Johannesevangeliums. Online: https://homepage.ruhr-uni-bochum.de/Manfred.Hauenschild/pdf/JohEvIchbin.pdf (abgerufen am 28.12.2021).

Stiefelhagen, Peter (2016). Hilft oder schadet der Glaube? In: *MMW – Fortschritte der Medizin* 158, 26.

Theissen, Gerd (2013). Paulus und die Mystik: Der eine und einzige Gott und die Transformation des Menschen. In: *Zeitschrift für Theologie und Kirche*. Vol. 110, Nr. 3, S. 263–290.

Uni Münster (2014). Neurologe Robert-Benjamin Illing zur Entstehung von Religion in der Evolution. Streitgespräch „Entsteht Religion im Gehirn?“ mit dem Theologen Dirk Evers. Online: uni-muenster.de/religion-und-politik/aktuelles/2014/mai/pm_religion_und_hirnforschung.html (abgerufen am 30.12. 2021).

Wischnath, Rolf (2010). *Das Gleichnis vom Klavier – Predigt über 1. Korinther 15, 35–44.*

9 Das Ewige: Der neue Himmel, die neue Erde und die Hölle im Christentum

Wunschprojektionen in den apokalyptischen Texten der Offenbarung

Das letzte Buch der Bibel, die Offenbarung, ist eine interessante Anhäufung von Visionen, denen diverse Wunschprojektionen der Nachfolger Jesu zugrunde liegen. Viele Texte der Offenbarung haben oft eine symbolische Bedeutung und können daher zumeist nicht wortwörtlich genommen werden. Das letzte Buch des Neuen Testaments sagt, so ein Interpret der Heiligen Schrift, „eigentlich recht wenig über das Jenseits und das Danach – das meiste davon in verschlüsselten Bildern und Symbolen, die nicht immer wörtlich zu nehmen sind" (Freikirche der Siebenten-Tags-Adventisten k. D.). Jeder symbolische Text hat viele Interpretationsmöglichkeiten und dies trifft vor allem auf den folgenden Text zu:

> „Und ich sah einen neuen Himmel und eine neue Erde; denn der erste Himmel und die erste Erde sind vergangen, und das Meer ist nicht mehr. Und ich sah die heilige Stadt, das neue Jerusalem, von Gott aus dem Himmel herabkommen, bereitet wie eine geschmückte Braut für ihren Mann. Und ich hörte eine große Stimme von dem Thron her, die sprach: Siehe da, die Hütte Gottes bei den Menschen! Und er wird bei ihnen wohnen, und sie werden seine Völker sein, und er selbst, Gott mit ihnen, wird ihr Gott sein; und Gott wird abwischen alle Tränen von ihren Augen, und der Tod wird nicht mehr sein, noch Leid noch Geschrei noch Schmerz wird mehr sein; denn das Erste ist vergangen" (Offenbarung 21, 1–4 Lutherbibel 2017).

In diesen endzeitlichen Texten zeigen sich apokalyptische Vorstellungen einer neuen, von Gott geschaffenen Welt der Herrlichkeit und es manifestiert sich wieder deutlich das Wunschdenken der durch den Tod Jesu enttäuschten und halluzinierenden Christen, die keinen leichten Stand unter den Römern hatten. Nach der Sichtweise der katholischen Kirche werden die Visionen der frühen Christen wie folgt begründet:

> „Die christliche Variante dieser Endzeitgeschichte leitet eine neue Phase in der Apokalyptik ein. Sie hat ihre Zeit vor allem in der brutalen Christenverfolgung des römischen Kaisertums. Viele Gemeinden sehen sich in der Gefahr grausamer Verfolgungen und Vernichtung. Alle stehen unter großer Angst. Um Angst zu handhaben, ihr zu begegnen, wird immer wieder die sog. *Geheime Offenbarung* des Johannes in der Gemeinde gelesen und vorgelesen. Ihr Impuls liegt nicht mehr im spannenden Erzählen furchterregender Geschichten, sondern in ihrer – modern gesprochen – therapeutischen Wirkung und Zielsetzung. Die Apokalypse des Johannes will die Angst der Christen mäßigen, nicht produzieren und entfachen. Sie will den Menschen helfen, sie unterstützen, Trost zu finden und Hoffnung aufzubauen. Dazu verkündet sie inmitten von Schreckensgeschehen immer wieder einen Gott, der dem Menschen verlässlich treu und rettend zur Seite steht“ (Katholische Kirche Derendorf Pempelfort k. D.).

Das Leiden in der Welt, das den Christen von jüdischer, aber insbesondere von römischer Seite zugefügt wurde, schrie zum Himmel und die göttliche Erlösung lag, den verfolgten Christen zufolge, in einer von Gott neu geschaffenen himmlischen Sphäre auf Erden. Diese Wunschprojektion eines kommenden neuen Reiches Gottes, eines neuen Himmels auf Erden, gab den Christen Mut und Zuversicht, durchzuhalten und ihre Botschaft weiterhin zu verkünden und andere zu bekehren.

Nicht nur die Christen der damaligen Zeit, sondern auch die Christen unserer Tage träumen vom Himmel, von einem besseren Leben, als das sie jetzt erfahren. Sie mögen zwar nicht verfolgt werden, aber das Leben hat häufig seine Schattenseiten, weil sie sich oft ohnmächtig, unterdrückt, ausgelaugt und ausgebeutet fühlrn; das Leben ist zumeist nicht das, was sie sich von ihm wünschen. Man hört von einigen, dass das Leben „ein Haufen Elend" sein soll. Das sind nicht selten die miserablen Bedingungen des modernen Menschen, die Fantasien einer besseren Welt auslösen können. „Ich will in den Himmel kommen", ist ein oft zu hörender Wunsch nicht weniger Christen und die kirchliche Antwort ist immer die Gleiche, dass nur denjenigen, die an Jesus Christus glauben und ihn als Erlöser anerkennen, diesem Wunsch entsprochen werden kann. Es ist die kirchliche Lehre, Jesus sei gen Himmel gefahren und die Erlösten werden ihm in den Himmel folgen. In diesen himmlischen Sphären sollen die Gläubigen bei Gott sein und an seiner Herrlichkeit teilhaben (siehe Gott kennen.de K. D.).

Selbst außerhalb des kirchlichen Denkens, nämlich in der populären Kultur, in Volksliedern und Schlagern wird der Himmel als Wunschziel aufgegriffen, wie in dem folgenden Songtext von Petula Clark (1967) zum Ausdruck gebracht wird:

> „Alle Leute wollen in den Himmel,
> Aber sterben woll'n sie nicht.
> No, no, das woll'n sie nicht,
> No, no, das woll'n sie nicht.
> Alle Leute wollen in den Himmel,
> Aber wie und wann und wo,
> Das ist das, das ist das,
> Das ist das Risiko" (Clark 1967).

Der Wunsch, in den Himmel zu kommen, wird ebenso in dem folgenden Volkslied von Jupp Schmitz deutlich:

> „Wir kommen alle, alle, alle in den Himmel.
> Weil wir so brav sind, weil wir so brav sind.
> Das sieht selbst der Petrus ein.
> Er sagt: Ich lass gern euch rein.
> Ihr wart auf Erden schon die reinsten Engelein" (Schmitz 2018).

Volkslieder sind im alltäglichen Leben und Wirken des Volkes entstanden.

> „Das Volkslied findet seinen Ursprung in bäuerlich-ländlichen oder dörflichen bis kleinstädtischen Gemeinschaften und entwickelte sich selbstständig. Es spiegelte die vorherrschenden Lebensweisen und alltäglichen Prozesse, wie Rituale oder Feste des Dorflebens und der Kleinstadt wider“ (Schlager-Planet 2013).

Es sind also volksnahe Texte, welche in gewisser Weise die jeweilige Kultur und Geschichte abbilden. Neben Heimat- und Naturverbundenheit ist zudem die Verbundenheit zur Kirche Teil ihrer Lebenswelt und daher auch das von Bedeutung, was sie den Menschen lehren will, nämlich in den Himmel zu kommen und wie das möglich ist, nämlich durch gute Taten, durch rechtschaffenes und sittsames Verhalten.

Der Himmel als die neue Erde

Ist es der Himmel, welchen sich die gläubigen Christen wünschen? Paulus zufolge ist, wie oben gesehen, der Himmel eher die Neue Erde, also ein irdischer Ort, auf dem die Christen mit ihren physischen Körpern wohnen werden (siehe 1. Korinther 15: 35–58).

> „Das Konzept vom Himmel ‚in den Wolken‘ zu sein ist unbiblisch. Das Konzept, dass wir ‚im Himmel als Geister herumschweben‘ werden ist unbiblisch. Der Himmel, den die Glaeubigen erleben werden, wird ein perfekter Planet sein, auf dem wir wohnen werden. Die Neue Erde wird frei von Suende, Boesem, Krankheit, Leiden, und Tod sein. Sie wird wahrscheinlich unserer jetzigen Erde sehr aehnlich sein, oder vielleicht sogar eine Wieder-Schoepfung unserer jetzigen Erde – aber ohne den Fluch der Suende“ (Got Questions Ministries k. D.).

Auch Bürnlein deutet die auf das ewige Leben eingehenden Bibelstellen in der Weise, dass er die Welt, die Gott nach dem Ende dieser Welt erschaffen wird, als eine göttliche Neuschöpfung wahrnimmt, denn er besitzt die Macht immer wieder neues Leben zu erschaffen (siehe Bürnlein 2019). Nach Eldredge macht Gott die Welt neu. „Die neue Erde ist der erneuerte und wiederhergestellte Planet, auf dem wir jetzt leben" (Eldredge 2018).

Nach dem bekannten Theologen Karl Barth sollte man die neue Erde nicht nur im Jenseits etablieren, sondern schon heute, sich darum kümmern, diese hier und jetzt aufzubauen. Gott will, Barth zufolge, „das Leben nicht spalten lassen in ‚Diesseits' und ‚Jenseits'! Der es nicht dem Tod überlassen will, uns von Sünde und Leid frei zu machen! Der uns segnen will, nicht mit Kirchenkräften, sondern mit Lebenskräften!" (Barth 1992, S. 18 f.). Gott schafft himmlische Zustände auf Erden: „neue Familien, neue Verhältnisse, eine neue Politik, der keinen Respekt hat vor alten Gewohnheiten, nur weil sie Gewohnheiten sind, vor alten Feierlichkeiten, nur weil sie feierlich sind, vor alten Mächten, nur weil sie mächtig sind!" (ebenda). Alles ist nach Barth erd- oder realitätsbezogen und spielt sich nicht in himmlischen Regionen ab. Barth vermeidet die Begrifflichkeiten des Diesseits und Jenseits, weil sie einen Bruch zwischen dem Leben hier und jetzt und dem Leben nach diesem Leben beinhalten würden. In dieser Denkform wahrt er eine gewisse Kontinuität zwischen dem, was ist und dem, was werden wird. Alles spielt sich auf irdischen und nicht himmlischen Sphären ab und für ihn gelten daher auch weiterhin familiale, soziale und politische Bedingungen, die jedoch neuer Art auf der neuen Erde sein werden. Zweifelsohne wird es auf der neuen Erde auch Beziehungen in der Form einer Gemeinschaft unter den Menschen geben, ohne dass der eine Macht über den anderen ausüben wird. Aber was ist mit den oben erörterten Vorstellungen Jesu (siehe Kapitel 8), dass die Menschen wie die Engel sein werden und sich nicht vermählen. Danach würde es keine Familie mehr geben. Es ist nicht klar, ob die Menschen mit geistlichen Leibern noch sexuelle Bedürfnisse haben werden, ebenso ist unklar, ob noch Nachkommen-Zeugungen erfolgen werden. Außerdem ist unklar, warum es auf der neuen Erde noch Politik geben sollte, denn der Anlass, Staaten zu bilden, war, so Hobbes in seinem bekannten Leviathan, dadurch notwendig, weil die Menschen selbstsüchtig und aggressiv waren und sie für Ordnung sorgen sollten. Da die Menschen nunmehr auf der neuen Erde transformierte Wesen ohne Sünde sein werden, bzw. ganz und gar neue Geisteshaltungen aufweisen sollen, bräuchte man gar keinen Staat als

Ordnungsmacht mehr. Jeder Mensch würde sich selbst regulieren, ohne dem anderen zu schaden.

Statt eines ewigen Lebens für die Gläubigen die verwünschte ewige Hölle als Bestrafungsinstanz für die Ungläubigen

Die Menschen wünschen sich den Himmel, der auch den Gläubigen gewährt werden soll, doch die Hölle schürt Angst in der Geschichte des Christentums und ist der ständige Antipol der Wunschprojektion Himmel. Schon im AT, in Sirach – einer Spätschrift des Alten Testaments – hieß es: „Die Sünder gehen auf einem gepflasterten Weg, aber an ihrem Ende ist der Abgrund der Hölle" (Sirach 21, 10). Es soll ein Ort der Qual sein, an welchen die Gotttosen nach dem Tod gelangen werden. Es ist ein Ort der Gottferne und er soll dunkel und schrecklich sein, manchmal auch als Feuerofen beschrieben. Die Hölle wird als Bestrafungsort für die Übeltäter konstruiert.

In Matthäus 13, 49.50 soll Jesus mit den folgenden Worten auf die Hölle hingewiesen haben: „So wird es auch am Ende der Welt gehen: Die Engel werden ausgehen und die Bösen von den Gerechten scheiden und werden sie in den Feuerofen werfen; da wird sein Heulen und Zähneklappern". Oder er soll proklamiert haben, dass die Übeltäter „hinausgestoßen werden in die äußerste Finsternis; da wird sein Heulen und Zähneklappern" (Matthäus 8, 12). Diese Aussagen beruhen auf späten alttestamentlichen Bibelstellen, die zurzeit Jesu sehr bekannt waren und hier zitiert werden. Doch es ist fragwürdig, ob Jesus solche Drohworte äußerte, denn er war der Botschafter der Liebe, ja sogar der Feindesliebe. Nach Bultmanns Sichtweise sind diese Aussagen über die Hölle ihm von den Evangelisten in den Mund gelegt worden, weil sie selbst solche Vorstellungen des Gerichts hatten (siehe Bultmann 1931). Es gab vielfältige Deutungen der Hölle, wie sie sein könnte und was den Gottlosen erwartet, schon vor Jesus Christus in vielen Religionen und Kulturen. In der Zeit nach Jesus Christus „setzte sich gegen Ende des vierten Jahrhunderts in der ganzen Kirche eine harte Höllentheologie durch. Vielleicht hätte noch einer der bedeutendsten Theologen der Alten Kirche die Chance gehabt, diese Entwicklung abzuschwächen, aber auch der große Augustinus, dessen schöne Sätze über die Liebe Gottes bis heute gerne zitiert werden, folgte dem allgemeinen Trend. Mit Augustin zog die Lehre von der Prädestination, der Vorherbestimmung, in die Kirche ein. Das heißt: Gott bestimmt die einen bereits vor ihrer Geburt zur Gnade, die anderen zur Verdammnis" (Schröder 2007, S. 13). Insbesondere im Mittelalter wurde mithilfe der Ablassbriefe sehr viel Missbrauch mit der Warnung vor der Hölle getrieben, obwohl sie im Neuen Testament kein zentrales Thema ist. Im frühen Mittelalter sind es „in erster Linie die Mönche, die anfangen, von Horrorszenarien und grausamen Strafen geprägte Höllenvorstellungen zu entwickeln. Zu diesem Zweck zeichnen sie visionäre Reiseberichte in die Unterwelt auf, wie die des fiktiven irischen Ritters namens Tundal (1148), und prägen so das Bild von der Hölle mit ihren rigoristischen Vorstellungen. Die Tradition der Reise in die Hölle greift Dante Alighieri Anfang des 14. Jahrhunderts in der ‚Göttlichen Komödie', einem enorm einflussreichen Werk, wieder auf. Und wenige Jahre später macht das Konzil von Florenz (1439) es offiziell: In der christlichen Vorstellungswelt währen die Strafen in der Hölle ewig" (Sepp 2016). Nach Schröder zirkulierte selbst zu Zeiten der Reformation kirchlich initiierte Höllenfurcht, obwohl sich Luther davon distanzierte und lieber den barmherzigen Gott predigte. Selbst die Aufklärung, die diese Höllenangst als unbegründet, irrational und unsinnig bezeichnete, hatte in vielen sektiererischen Bewegungen neue Wurzeln geschlagen. „Hier ging es letzten Endes darum, mit der Hölle ein pädagogisches Druckmittel gegenüber sich lockernden Moralvorstellungen und liberalem Gedankengut zu haben" (Schröder 2007 S. 22).

Schauen wir jedoch auf die heutige Zeit, dann scheint die Hölle „als Jenseitsvorstellung … vielen kaum noch relevant. Doch in manchen religiösen Gruppen dient sie weiterhin als Drohszenario für alle, die vom richtigen Weg abweichen" (Hollenbach 2020). Nach einem Spiegel Bericht glauben immer noch knapp ein Drittel der 40000 befragten Europäer an eine Hölle, wobei es große Unterschiede zwischen der ersten Gruppe, wie der Türkei, Nordirland, Polen und der zweiten Gruppe, wie Deutschland und den skandinavischen Staaten gibt, wobei die erste Gruppe der Hölle weitaus mehr Glauben schenkt als die zweite Gruppe (siehe Pieper 2015). Die konservativen muslimischen und katholischen Länder scheinen noch mehr im traditionellen Glauben verwurzelt zu sein als die zweite Gruppe, die sich von den kirchlichen Dogmen allmählich loszulösen vermag oder keine kirchliche Verbindung mehr hat. Wenn jedoch jemand Angst vor der Hölle hat, dann kann es bei der betreffenden Person enorme Probleme hervorrufen, wie aus dem folgenden Fall deutlich wird:

> „Ich bin Christ, allerdings ist mein Glaube nicht sehr gefestigt und der einzige Grund warum ich noch Christ bin, ist aus Angst vor der Hölle. Ja ich habe riesige Angst, dass ich in die Hölle komme. Ich meine, wer will schon ewig in der Hölle brennen für alle Zeiten? Ich frage mich auch oft, ob ich alles richtig mache, die Bibel richtig befolge. Es gibt ja tausende Interpretationen. Ich will nicht in der Hölle brennen. Ich flehe oft Gott an, dass er mir die Wahrheit aufzeigen soll, und mich erretten sollte. Trotz häufiger Gebete habe ich Angst in die Hölle zu kommen. Ich muss ständig daran denken. Auch weil ja viele Menschen dort brennen werden. Ich stelle mir die Milliarden von Seelen vor im Feuermeer, wie sie um Hilfe schreien. Doch keiner wird ihnen helfen. Denn die Hölle ist für immer. Ich will nicht auch so enden. Aber mein Glaube an Jesus ist zu schwach, fürchte ich. Und ich kann nicht aufhören zu sündigen. Ist es normal panische Angst vor der Hölle zu haben? Ständig darüber nachzudenken? Ist es normal, wenn man ein Leben nur mit Religion verbringt?“ (Tarsos33 2019).

Statt die Hölle ins Jenseits zu projizieren und den Menschen unnötige Angst einzujagen, wäre es sinnvoll, sich auf die Hölle im Hier und Jetzt einzulassen, denn es gibt so viele irdische Höllen, die den Menschen zu schaffen machen, die sogar ihre Existenz im Hier und Jetzt bedrohen können. So sind es bestimmte soziale, wirtschaftliche und politische Bedingungen, welche die Menschen immer tiefer ins heulende und graue Elend geraten lassen und Höllensituationen heraufbeschwören. Insbesondere wird das irdische Leben zur Hölle, wenn kriegerische Auseinandersetzungen die Welt bestimmen und Gewalt in vielen Formen von terroristischen Anschlägen, Überfällen und Vergewaltigungen bis hin zur häuslichen Gewalt, das Leben der Menschen bestimmen. Ebenso können Bedingungen der Armut in vielen Teilen der Welt zur Hölle werden, wenn Menschen hungern und nicht das Lebensnotwendige zu essen haben. Diese katastrophalen endlosen Zustände, ohne Aussicht auf Verbesserung, können zu höllischer Angst und Verzweiflung führen. Während Eliot in seiner These davon ausgeht, dass wir selbst die Hölle sind und Sartres Antithese die ist, dass die Hölle die anderen sind, entwickelt Ritz die Synthese, dass die Hölle wir selbst und die anderen sind (siehe Erkenbrecht 1999). Der Mensch sollte an sich arbeiten, um das Böse in sich zu kontrollieren, damit er nicht zur Quelle des Bösen in der Welt wird, aber es sollten auch die Quellen des Bösen in der Welt aufgedeckt, behoben und Transformationen eingeleitet werden. Statt an eine jenseitige Hölle zu glauben, statt den Blick auf eine imaginäre Zukunft zu richten, wäre es sinnvoll, die höllischen Zustände auf Erden zu bekämpfen. Es ist so viel zu tun, um die Menschen von den Übeln in der Welt zu befreien und auf himmlische Zustände im Hier und Jetzt hinzuarbeiten, damit die irdischen Höllen, seien es Kriege, Gewalt, Hunger u. a. überwunden werden. Darüber hinaus ist der Glaube an eine ewige Verdammnis in der Hölle von totaler Unvernunft geprägt. Mit solch einer Haltung widerspricht der Glauben jeglichem Verstand und schürt selbst bei Gläubigen Ängste vor der furchterregenden Zukunft, da sie nie wissen, ob sie als die Gerechten oder Rechtschaffenen eingestuft werden, was wiederum lebenshemmend im diesseitigen Leben sein kann, wie das obige Beispiel zeigt.

Literatur

Barth, Karl (1929). *Das Wort Gottes und die Theologie. Gesammelte Vorträge*, S. 18–32. München.

Bultmann, Rudolf (1931). *Die synoptische Tradition*. Göttingen.

Bürnlein, Klaus (2019). Die Auferstehung der Toten und das ewige Leben. Online: http://pfarrerblatt.de/dr-klaus-buemlein/die-auferstehung-der-toten-und-das-ewige-leben/ (abgerufen am 5.1.2022).

Clark, Petula (1967). Alle Leute wollen in den Himmel. Online: https://musikguru.de/petula-clark/songtext-alle-leute-wollen-in-den-himmel-660196.html (abgerufen am 3.1.2022).

Eldredge, John im Gespräch mit Katharina Gutermuth (2018). Der neue Himmel und die neue Erde. Online: https://brunnen-verlag.de/blog/autoren/

der-neue-himmel-und-die-neue-erde-interview-mit-john-eldredge (abgerufen am 2.1.2022).

Erkenbrecht Ulrich (1999). *Divertiment, Wortspiele, Sprachspiele, Gedankenspiele*. Kassel.

Freikirche der Siebentags-Adventisten (k. D.). Die neue Erde. Online: https://www.adventisten.ch/wer-sind-wir/ueber-gott-glauben/28-glaubensueberzeugungen/28-die-neue-erde/ (abgerufen am 3.1.2022).

Got Questions Ministries (k. D.). Fragen zur Bibel beantwortet. Online: https://www.gotquestions.org/Deutsch/neue-Himmel-Erde.html (abgerufen am 7.1.2022).

Gottkennen.de (k. D.). Wer kommt in den Himmel? Online: https://gottkennen.de/wer-kommt-in-den-himmel/?gclid=EAIaIQobChMIr4KT6MSd9AI-VyAN7Ch0Mpwz_EAMYAiAAEgIg8vD_BwE (abgerufen am 5.1.2022).

Hollenbach, Michael (2020). Die Hölle im Wandel: Im Jenseits fast erkaltet. In: *Deutschlandfunk Kultur* vom 9.8.2020.

Katholische Kirche Derendorf Pempelfort (k. D.). Neuer Himmel und neue Erde. Online: https://www.kath-derendorf-pempelfort.de/gottesdienste-sakramente/Fastenzeit/predigtreihe/neuer-himmel-und-neue-erde/ (abgerufen am 9.1.2022).

Luther Bibel (2017). Hrsg. Deutsche Bibelgesellschaft. Stuttgart.

Pieper, Dietmar (2015). „Der Himmel ist leer“. In *Der Spiegel*, Nr. 17, S. 40–48.

Schlager-Planet (2018). Wieso, weshalb, wann: was ist eigentlich Volksmusik? Online: https://www.schlagerplanet.com/news/wissenwertes/kreuz-und-quer/bekannt-deutsche-volkslieder-kultur-und-geschichte (abgerufen am 7.1.2022).

Schmitz, Jupp (2018). Wir kommen alle in den Himmel. Online: https://musik-guru.de/jupp-schmitz/songtext-wir-kommen-alle-in-den-himmel-1520421.html (abgerufen am 10.1.2022).

Schröder, Tilman (2007). Eine kleine Geschichte der Hölle. Online: https://www.esg-stuttgart.de/fileadmin/mediapool/gemeinden/KG/hochschulgemeinde/stu/Geschichte-der-Hoelle.pdf (abgerufen am 4.1.2022).

Sepp, Christian (2016). Die Hölle: Ort der Verdammnis und der Fantasie. In: *Radio Bayern 2*, Leiter der Sendung Christian Feldmann vom 11.5.2016.

Tarso 33 (2019). „Ich habe riesige Angst vor der Hölle“. Online: https://www.med1.de/forum/psychologie/ich-habe-riesige-angst-vor-der-hoelle-965712/ (abgerufen am 6.1.2022).

10 Jüdische Vorstellungen der Auferstehung und des ewigen Lebens

Das Judentum lehnte Jesus als Sohn Gottes ab, da kein Mensch nach jüdischer Auffassung göttlich sein kann. Für die Juden war es eine Gotteslästerung, so etwas von sich zu behaupten. Das war auch ein Grund, ihn den Römern zu überstellen, damit er von der Besatzungsmacht gerichtet werden würde. Außerdem erkannten sie ihn nicht als Messias an, weil dieser Messias eigentlich nach alttestamentlicher Prophetie eine völlige Verwandlung der Welt gebracht hätte und das war nicht der Fall. Das mag die Ursache gewesen sein, dass Paulus bei seiner christlichen Missionierung oft auf hartnäckigen Widerstand der Juden stieß und, wie oben ausgeführt, er den Juden vorwarf, dass zu ihnen das Wort Gottes zuerst verkündet wurde, sie es aber ablehnten und sie sich somit des ewigen Lebens nicht würdig erachteten. Die Heiden dagegen waren der Botschaft des Apostels Paulus offen und empfänglich gegenüber, sodass er sich nunmehr in seiner Missionstätigkeiten zumeist den Heiden zuwandte.

Was den Tod oder das Leben nach diesem Leben anbetrifft, so unterscheidet Schmidt-Leukel einige unterschiedliche Konzeptionen in der jüdischen Geschichte:

> „Vereinfacht gesagt gab es im Grunde genommen drei unterschiedliche Vorstellungen. Zum einen die sehr alte Vorstellung, die in die Frühphase des Alten Testaments zurückgeht, nämlich dass man mit dem Tod in ein Schattenreich, mehr oder weniger in ein Nichts verschwindet. Zum anderen die Vorstellung, dass Gott durchaus die Macht hat, Menschen aus dem Tod wieder neu zum Leben zu erwecken. Das war zur Zeit Jesu eine sehr umstrittene Vorstellung. Es war keineswegs Allgemeingut. Und drittens gab es die aus der griechischen Kultur stammende Idee der unsterblichen Seele, sodass beim Tod eigentlich nur der Leib stirbt, aber

die Seele dann sofort in ein jenseitiges Schicksal geht" (Schmidt-Leukel 2021).

Im Folgenden sollen diese drei Jüdischen Vorstellungen näher erläutert werden.

Als erste Konzeption soll das Schattenreich oder das Todesreich aufgegriffen werden. Zu diesem Sachverhalt gibt es im AT u. a. folgende Texte: „... lebend fuhren sie mit allem, was sie besaßen, in das Totenreich hinab, die Erde schloss sich über ihnen, und sie waren aus der Mitte der Gemeinde verschwunden" (4. Buch Mose 16, 33). „Wie eine Wolke sich auflöst und zergeht, so kommt auch, wer ins Totenreich hinabgefahren ist, nicht wieder herauf" (Hiob 7, 9). In einem weitere Text wird das Totenreich als „der unfruchtbare Mutterschoß, die Erde, die des Wassers nie satt wird, und das Feuer, das niemals sagt: ‚Genug!'" (Sprüche 30, 16) bezeichnet. Das Totenreich oder die Unterwelt (hebräisch Scheol) liegt nach den alttestamentlichen Vorstellungen unter der Erde, genauer ausgedrückt unter der Erdoberfläche oder in den Tiefen der Erde. Darüber befinden sich der Erdboden und der Himmel. Das Totenreich ist ein Ort des Verderbens und der Trostlosigkeit. Es ist das in der mythischen Vorstellung vieler Kulturvölker vorherrschende Reich, in das die Toten einziehen Das unterirdische Totenreich Scheol der Juden entspricht in gewisser Weise dem griechischen Hades, aber auch andere Kulturen haben ähnliche Vorstellungen vom Totenreich entwickelt, wie z. B. die Germanen, die diesen Ort der Verdammten als Hel bezeichneten und in der römischen Mythologie wird er Orkus genannt (siehe Wissen.de k. D.). Dieses Totenreich ist für solche Menschen vorgesehen, die Verfehlungen gegen die Götter begangen haben und in dieser Unterwelt ewigen Qualen ausgesetzt werden.

Im hebräischen Verständnis kann der Gott Israels jedoch, der zweiten Konzeption zufolge, so die Hoffnung der Gläubigen, Fromme und Gerechte aus der Unterwelt heraufführen und somit befreien. Dazu folgende Texte: „Der HERR tötet und macht lebendig, er stößt ins Totenreich hinab und führt herauf" (1. Samuel 2, 6). „Denn du gibst meine Seele dem Totenreich nicht preis, du lässt deinen Frommen nicht schaun die Vernichtung" (Psalm 16, 10).

Es gibt im Hinblick auf die dritte Konzeption, die Seele, im AT sehr viele Textstellen, doch kaum solche, die jüdische Reflektionen über eine unsterbliche Seele zitieren. Wenn im AT von Seele gesprochen wird, dann geht es meistens um Ratschläge für ein gutes Leben. Größtenteils wird betont. dass die Seele willig sein soll, Gott zu gehorchen (1. Chr. 28, 9 und 5. Buch Mose 30, 19 sowie Psalm 119, 167). Sollte die Seele gottverbunden sein, dann wird ihr eine wundervolle und fröhliche Zukunft verheißen (Psalm 13, 3). Was als Seele im AT bezeichnet wird, könnte man als Ich oder Selbst in der heutigen Zeit deuten. Sie soll im Körper ansässig sein und das Selbst zum Handeln bewegen. Der Abstieg der Seele von den himmlischen Sphären in den Körper bringt die Schattenseiten des Lebens mit sich, während der Aufstieg der Seele zurück in die himmlischen Bereiche die Lichtseiten der ewigen Glückseligkeit eröffnet. Diese Sichtweise scheint sehr viele Ähnlichkeiten mit dem zu dieser Zeit sehr einflussreichen Platonismus zu haben, denn auch bei Platon wird das Wesen des Menschen in die unsterbliche Seele verlegt. Jede Seele ist, Platon zufolge, „unsterblich, denn das stets Bewegte ist unsterblich. Was aber ein anderes bewegt und von einem anderen bewegt wird, das hat, sofern es ein Aufhören der Bewegung hat, auch ein Aufhören des Lebens. Das sich selbst Bewegende allein also, sofern es nie sich selbst verlässt, hört nie auf, bewegt zu sein, aber auch für das andere, was bewegt wird, ist dieses Quelle und Anfang der Bewegung. Der Anfang aber ist nicht geworden. Denn alles Werdende wird notwendig aus dem Anfang, er selbst aber schlechthin nicht aus einem Etwas, denn wenn der Anfang aus einem Etwas würde, so würde er ja nicht zum Anfang werden. Da er aber nicht geworden ist, ist er auch notwendig nicht vergänglich" (Platons Phaidros 248 c). Für Platon ist das Sich-Sorgen um die himmlische Glückseligkeit von größerer Bedeutung als das irdische Besorgt-Sein um materielle Dinge, die vergänglich sind, insbesondere das Taumeln von Begierde nach Genuss, denn das letztere Bestreben zieht die Seele nach unten, während die geistigen Orientierungen den Menschen nach oben gen Himmel ziehen. Platon vertritt die Seelenwanderung, was die jüdische Religion beeinflusste. In der jüdischen Geschichte wird diese platonische Idee auch von Teilen des Judentums vertreten. Z. B. findet man sie im Kabbala-Judentum:

> „Seelenwanderung ist im Rahmen jüdisch-kabbalistischer Reflexion ein Element bei der Rückführung der Welt zu ihrem heilen Anfangszustand. Die Lehre ist biblisch nicht belegt, hat auch erst in nachtalmudischer Zeit Eingang ins Judentum gefunden, und wird von wichtigen

> rabbinischen Autoritäten abgelehnt. Die Lehre von der Seelenwanderung ist schon in der älteren Kabbala, d. h. jüdischen Mystik entstanden. Im dem aus dem 12. Jh. stammenden ‚Sefer ha-Bahir' (§ 86, § 104) wird die Stelle Kohelet 1, 4 im Sinne der Seelenwanderung gedeutet" (Dexinger k. D.).

Die Kabbala-Bewegung, eine mystische Tradition des Judentums, wurde im Laufe der Zeit zu einer Volksmystik, in welcher versucht wurde, die Seele mit dem Göttlichen zu vereinen, denn sie haben ihren Ursprung in Gott und wollen dorthin zurückkehren. Es kam zu Popularisierungen dieser Kabbala-Mystik in der Neuzeit im Chassidismus, in der britischen Magie, in verschiedenen Orden, bei Sängern, die göttliche Welten besangen u. a. (siehe Tretina 2021). Mithilfe von Meditationen und Hingabe will die Seele wieder in die göttlichen Welten aufsteigen, woher sie ursprünglich kam. Zweifelsohne mag die mystische Erfahrung, welche die Person in eine andere Welt eintreten und Geheimnisse erschließen lässt für die betreffende Person eine Erleuchtung sein, doch es ist ein individuelles, übernatürliche Erfahrungen zugrundeliegendes, tiefgründiges Erlebnis, das keinerlei Rückwirkungen auf die Mitmenschen hat, ganz im Gegenteil zu der gebürtigen jüdischen Simone Weil, die sich der Mystik zuwandte und einen Impuls verspürte zu handeln, Widerstand zu leisten gegen das, was in der Welt nicht so ist, wie es sein sollte. Sie verband Mystik und Politik (siehe Büchel Stadtkovic 2004), was von der göttlichen Welt zurückwirkte auf die hiesige Welt.

Nach der jüdischen Überlieferung gibt es verschiedene Möglichkeiten, wohin sich eine Seele nach dem Tod begeben kann, je nachdem, wie der Mensch gelebt hat. „Entweder wird er erstens direkt ins Paradies oder in das Gehinom (Hölle) gelangen" (siehe Goldberg 2021) oder eine zweite Möglichkeit ist die, dass „die Seelen nur für einen bestimmten Zeitraum in das Gehinom und anschließend, nach Verbüßung der Strafe, ins Paradies gehen" (ebenda). Eine dritte Möglichkeit besteht darin, dass „die Seele eine gewisse Zeit ruhelos existiert". Als weitere Möglichkeit kann „eine Seele in einem neuen Körper wiedergeboren werden" (ebenda).

Was die Auferstehung und das ewige Leben anbetrifft, so ist die Suche nach diesem Thema im AT – ganz im Gegensatz zum N. T., sehr dürftig. Z. B. gibt es einige apokalyptische Hinweise in dem Buch Jesaja, die sich hauptsächlich auf das Volk Israel beziehen In Jesaja 25, 8 steht in Bezug zur babylonischen Gefangenschaft geschrieben; „Er [Gott der Herr] wird den Tod verschlingen auf ewig. Und Gott der HERR wird die Tränen von allen Angesichtern abwischen und wird aufheben die Schmach seines Volks in allen Landen“ und in Jesaja 25, 19 ist folgender Text zu finden: „Aber deine Toten werden leben, deine Leichname werden auferstehen. Wachet auf und rühmet, die ihr liegt unter der Erde! Denn ein Tau der Lichter ist dein Tau, und die Erde wird die Schatten herausgeben“. Dagegen ist bei Daniel ein kurzer Hinweis über das Volk Israel hinaus auf die universale Heilsbotschaft Gottes zu finden: „Von denen, die im Land des Staubes schlafen, werden viele erwachen, die einen zum ewigen Leben, die anderen zur Schmach, zu ewigem Abscheu“ (Dan. 12, 1–2). Im Hinblick auf die jüdische Auferstehung argumentiert Beyrodt:

> „In der hebräischen Bibel sind nur wenige Andeutungen zum Thema zu finden. Doch in der späteren jüdischen Traditionsliteratur ist die Vorstellung weit verbreitet. Wahrscheinlich hat eine jüdische Laienbewegung zur Zeit Jesu die Idee der Auferstehung entwickelt: die Pharisäer. Ihre Gegner, die Sadduzäer, lehnten die Auferstehung wohl ab, nach allem, was wir wissen. Doch die Sadduzäer sind Geschichte, die Pharisäer haben das rabbinische Judentum bis heute geprägt“ (Beyrodt 2017).

Nach den Vorstellungen der Pharisäer ergeben sich zwei Varianten der jüdischen Auferstehung. Die eine ist die, dass nur die im irdischen Leben Gerechten auferweckt werden und bei der anderen Variante werden alle Menschen zum Endgericht auferstehen, die Guten zum ewigen Leben, die Bösen zur Bestrafung. Im Gegensatz zu der christlichen Lehre, nach der Jesus bereits auf Erden die Auferweckung praktizierte, vertrat der jüdische Glaube diese Auferweckung der Toten erst am Ende der Zeiten.

Wie sieht, dem Judentum zufolge, die kommende Welt, das ewige Leben aus? Nach Yanki Tauber wird in der kommenden Welt „die ganze Schöpfung vollkommen und ungehindert die Unendlichkeit und Perfektion ihres Schöpfers offenbaren, und das Physische wird die Endlichkeit und Sterblichkeit überwinden, welche die heutige unvollkommene Welt charakterisieren“ (siehe

Tauber k. D.). Diese Art der Sichtweise scheint mit der christlichen Auffassung einer neuen Erde übereinzustimmen. Auch die von den jüdischen Gesetzen (Thora) geforderten guten, ja göttlichen, Taten, die das ewige Leben gewähren sollen, sind den neutestamentlichen Vorstellungen ähnlich, denn auch hier sollen die Gebote Gottes eingehalten werden, mit dem Unterschied, dass Gottes Gnade das A und O des paulinisch christlichen Denkens ist.

Es scheint, dass die jüdischen Gelehrten sowohl bei der Vorstellung der Auferstehung wie auch bei der des ewigen Lebens nicht einer Meinung sind, wie dies Ben Harris zum Ausdruck bringt:

> „Von den vielen theologischen und liturgischen Fragen im Zusammenhang mit dem in Kürze erscheinenden neuen Gebetbuch der Reformbewegung war keine umstrittener als die Entscheidung, das Gebet für die Auferstehung der Toten wieder aufzunehmen" (Harris 2007).

Die Vertreter der jüdischen Tradition hält an der Auferstehung als integralem Bestandteil der jüdischen Religion fest, während moderne Theologen, ähnlich wie dies auch bei modernen Kritikern des Christentums zu beobachten ist, die leibliche Erweckung der Toten als „unzeitgemäß, unwissenschaftlich und irrational" (ebenda) abtun. Doch die Tradition siegt sehr häufig in den diversen Religionen, d. h. der mit der Tradition verwurzelte Glaube hat in der Religion oft eine weitaus stärkere Wirkung als rationale und zeitgemäße Einwände. Es stellt sich in dem Rahmen der traditionellen Überlieferung wiederum die Frage, ob man etwas Unwissenschaftliches, ja Irrationales so einfach glauben kann oder ob der Glaube nicht auch eine bestimmte Glaubwürdigkeit haben muss.

Im 1. Korinther-Brief (2, 5) unterscheidet Paulus zwischen Glauben und Wissen und der Glaube soll über den Fakten und dem Wissen stehen: „Denn euer Glaube sollte sich nicht auf Menschenweisheit gründen, sondern auf Gottes Kraft". Jesus zeigt diese durch Gott dem Menschen gegebene Kraft des Glaubens, indem er den Kleingläubigen mit den folgenden Worten entgegentritt:

> „Ich sage euch: Selbst, wenn euer Glaube nur so groß ist wie ein Senfkorn, könnt ihr zu diesem Berg sagen: ‚Rücke von hier nach dort!' und

> er wird dorthin rücken. Nichts wird euch unmöglich sein“ (Matthäus 17, 20–21).

Der Glaube soll also das Unmögliche möglich machen können. In seinem Buch *Furcht und Zittern* impliziert Kierkegaard im Glauben etwas Paradoxes, etwas Absurdes.

> „Dem Glauben geht eine Bewegung der Unendlichkeit vorauf, erst dann tritt, und zwar unversehens, in kraft des Absurden der Glaube ein“ (Kierkegaard 1910, S. 76).

Anscheinend halten die meisten gegenwärtigen Juden an der Überlieferung der Auferstehung und einem ewigen Leben fest. „Der Tod ist nicht das Ende im jüdischen Glauben. Der Tod ist der Anfang von einem neuen Kapitel“ (BR vom 22.2.2016). Dieses neue Kapitel soll in Jerusalem seinen Anfang nehmen, da dort die Ankunft des Messias erwartet wird und die gläubigen Juden dort zuerst auferstehen sollen (siehe Tod und Glaube k. D.). Daher wollen viele Juden dort begraben werden. „Aus der Vorstellung vom Land Israel als Ort der Auferstehung und Sühne werden unter Umständen Verstorbene außerhalb Israels dorthin zur Bestattung gebracht“ (Kraewdky k. D.). Sollte das Ende nahen, dann bereiten sich die Sterbenden mit Gebeten darauf vor. Doch die jüdische Auffassung ist die, dass das Paradies nicht erst im Himmel beginnen sollte; vielmehr müsste es bereits hier im Leben vorweggenommen werden, was ja auch die Auffassung einiger Christen ist.

> „Das Ewige ist jetzt unser Leben und nicht erst im Himmel. Das Tor zur Ewigkeit ist nicht der Tod, sondern das Leben hier und jetzt – im Bund mit Gott. Und dieser Bund bedarf der stetigen Erneuerung“ (Rabbiner Almekias-Siegl 2020).

Im heutigen Judentum ist es weiterhin umstritten, wie der Mensch oder in welcher Form er auferstehen wird. Die Konservativen beharren weiter darauf, die Auferstehung muss, wie dies auch bei dem Apostel Paulus deutlich wurde, eine leibliche Auferstehung und nicht nur metaphorischer Art sein, wie es die

Reformer vertreten. Die Konservativen haben sich in der jüdischen Geschichte gegenüber den Reformern durchgesetzt. „Als die Rabbiner sich ausmalten, wie Gott uns für die Ewigkeit haben will, stellten sie sich vor, Gott würde uns so haben wollen, wie wir jetzt, in historischer Zeit und in der Gesellschaft, sind – als ‚leibliche Wesen', sagte Gillman. Die Art und Weise, wie wir jetzt sind, ist so wichtig und wird von Gott so sehr wertgeschätzt, dass er uns auch für die Ewigkeit so haben will" (Harris 2007). D. h. dass Gott bei der Transformation des zeitlichen, vergänglichen zum zeitlosen, ewigen Menschen eine Kontinuität vom Alten zum Neuen in seinem Plan hat, quasi eine Umgestaltung des irdischen Leibes zu einem ewigen Leib vorsieht. Aber wie die Ewigkeit der leiblichen Wesen aussehen wird, darüber ist kaum etwas in Erfahrung zu bringen,

Literatur

BR (2016). Tod und Sterben im Judentum. Sendung vom 22.2.2016.

Beyrodt, Gerald (2017). Auferstehung im Judentum/Hinterm Horizont geht's weiter. Online: https://www.deutschlandfunk.de/auferstehung-im-judentum-hinterm-horizont-geht-s-weiter-100.html (abgerufen am 31.1.2022).

Büchel Stadtkovic, Angela (2004). *Warten auf Gott. Simone Weil zwischen Rationalismus, Politik und Mystik*. Münster.

Dexinger, Ferdinand (k. D.). Seelenwanderung und Schoah. Online: http://david.juden.at/kulturzeitschrift/44-49/Main%20frame_Artikel46_Rosch.h (abgerufen am 30.1.2022).

Harris, Ben (2007). Auferstehung der Toten: Rückkehr zur Tradition. In: *Jüdische Allgemeine* vom 1.11.2007.

Kierkegaard, Sören (1910). *Furcht und Zittern*. Düsseldorf.

Kraewsky, Hadrian (k. D.). Der Tod im Judentum. Online: https://www.dioezese-linz.at/institution/8810/weltreligionen/christentumund weltreligio/article/6610.html (abgerufen am 28.1.2022).

Platon (2005). Phaidros. In: *Werke in 8 Bänden*, Band 5. Günther Eigler (Hrsg.). Darmstadt.

Rabbiner Almekias-Siegl, Salomon (2020). Auf das Leben! In: *Jüdische Allgemeine* vom 10.9.2020.

Schmidt-Leukel, Perry (2021). Himmel, Hölle oder das große Nichts. Online: https://www.domradio.de/themen/interreligi%C3%B6ser-dialog/2021-04-01/himmel-hoelle-oder-das-grosse-nichts-wie-die-religionen-das-leben-nach-dem-tod-deuten? (abgerufen am 15.1.2022).

Tauber, Yanki (k. D.). Was ist eine Seele? Online: https://de.chabad.org/library/article_cdo/aid/468252/jewish/Was-ist-eine-Seele.html (abgerufen am 29.1.2022).

Tod und Glaube (k. D.). Die Bestattungskultur des Judentums. Online: https://www.tod-und-glaube.de/die-bestattungskultur-des -judentums/ (abgerufen am 20.1.2022).

Tretina, Kerstin (2021). Die Kabbala: mystische Tradition des Judentums. In: *ORF* vom 12.3.2021.

Wissen.de (k. D.). Totenreich. Online: wissen.de/lexikon/totenreich (abgerufen am 20.1.2022).

11 Islamische Vorstellungen der Auferstehung und des ewigen Lebens

Der Kernsatz der islamischen Religion ist: „Es gibt keinen Gott außer Allah und Mohammed ist sein Prophet". Dieser Prophet ist im 6. Jahrhundert geboren worden und hat im 7. Jahrhundert Gottes Botschaft verkündet. Seine Anhänger notierten seine Botschaft und diese Niederschriften führten zu der Entwicklung des Korans, was als Gesetzbuch für das alltägliche Leben gelten sollte. Mohammed selbst hat auch, im Gegensatz zu Jesus, der Gottes Botschaft verkündet hat, aber nichts niederschrieb, selbst eine Menge verfasst und seinen Nachfolgern die Botschaften schriftlich zur Verfügung gestellt. Ebenso wie das Christentum und das Judentum ist der Islam eine monotheistische Religion. Der Islam kritisiert jedoch an der christlichen Religion, dass Jesus als Sohn Gottes verehrt wird, während er im Islam nur einer der Propheten Gottes ist und bei weitem nicht so hervorstechend wie Mohammed eingestuft wird. Die wichtigste Grundlage der von Mohammed verbreiteten Botschaften ist im Koran zu finden. Darüber hinaus gibt es noch Überlieferungen in Form von Mitteilungen und religiösen Geboten, wie die Hadithe (siehe Buch der vierzig Hadithe (2007) und Sunna (2021), die in islamischen Staaten und Ländern mit einem islamischen Anteil der Bevölkerung von großer Bedeutung und Verbindlichkeit sind.

Anhand der Texte des Korans soll nunmehr auf die Thematik des Jüngsten Gerichts eingegangen werden, in welchem die Gläubigen mit dem ewigen Leben im Paradies belohnt und die Ungläubigen mit der Hölle bestraft werden. Die einen, die Gläubigen werden leuchten, die anderen die Ungläubigen werden elend und erbärmlich sein. So heißt es in Sure 75:

„22. Manche Gesichter werden an jenem Tage leuchtend sein,
23. Und zu ihrem Herrn schauen;
24. Und manche Gesichter werden an jenem Tage gramvoll sein,

25. Denn sie ahnen, daß ein schreckliches Unglück ihnen demnächst widerfahren soll.
26. Ja! wenn (die Seele eines Sterbenden) zur Kehle emporsteigt".

Ein sicherer Beweis, dass Gott in der Lage ist, Wunder zu vollbringen, zeigt sich, dem Islam zufolge, in der Schöpfung und wenn er solche Taten vollbringen konnte, warum sollte er es nicht schaffen, Tote lebendig zu machen, quasi eine zweite Schöpfung zu vollziehen, argumentiert Mohammed in den folgenden Versen:

„37. War er nicht ein Tropfen fließenden Samens, der verspritzt ward?
38. Dann wurde er ein Blutklumpen, dann bildete und vervollkommnete Er (ihn).
39. So schuf Er aus ihm ein Paar, den Mann und das Weib.
40. Und da sollte Er nicht imstande sein, die Toten ins Leben zu rufen?"

Neben dem Koran sind die Hadithe – Überlieferungen, der Aussprüche, Berichte und Handlungen des Propheten Muhammeds – für den Islam von Signifikanz. Nach Motzki sind sie für die Muslime „nicht nur Texte, an denen sie sich in ihrer persönlichen Frömmigkeit orientieren können, wie das auch in anderen Religionen mit den Überlieferungen über ihre Religionsstifter der Fall ist. Die Überlieferungen über die Sunna des Propheten Muhammad haben darüber hinaus eine normative Funktion. Sie sind in der islamischen Theorie der Gesetzesgelehrtheit (*usûl al-fiqh*) nach dem Koran die zweite grundlegende Quelle, aus der die Gesetzesgelehrten (*fuqahâ'*) die Scharia, das göttliche Gesetz, entwickelt haben. Die Sunna gilt wie der Koran als göttliche Offenbarung (*wahy*), allerdings nicht buchstäblich wie das göttliche Wort des Koran, sondern nur inhaltlich" (Motzki 2010, S. 57).

In den Hadithen wird der neue Mensch im Paradies konzipiert, wenn der Gesandte Allahs sagt:

„Die erste Schar betritt das Paradies in der Gestalt des Vollmondes, dann die ihnen nachfolgenden in der Gestalt des hellsten Himmelskörpers, der am Himmel leuchtet. Sie urinieren nicht, scheiden keinen Kot aus,

> spucken nicht und sondern keinen Schleim aus der Nase ab. Ihre Kämme sind aus Gold, ihr Aufstoßen ist Moschusduft, ihre Räuchergefäße sind wunderschön verziert, ihre Frauen sind großäugig, wobei sich das weiße ihrer Augen scharf vom schwarzen abhebt, sie sehen alle aus wie ein Mann, welcher der Gestalt ihres Vaters (Adam) gleicht, sie sind sechzig Ellen groß." (Sahih Ibn Habban, Hadith Nr. 7437 in: Osoul Global Certer 2021).

Eine weitere Aussage zeigt den gewandelten Menschen:

> „Jemand wird rufen: ‚Ihr sollt nun gesund sein und nie krank werden, ihr sollt leben und nie sterben, ihr sollt ewig jugendlich bleiben und nie alt werden und ihr sollt euch der Wonnen erfreuen und werdet ihrer niemals überdrüssig'" (Sahih Muslim, Hadith Nr. 2837 in: ebenda).

Nach Pars Today wird das Paradies hochstilisiert als „ein sicheres und heiles Reich und daher wird es auch Dar us salam (sichere Bleibe) genannt. Im Paradies ist nichts mehr zu spüren von Krieg und Blutvergießen, Feindschaft und Konflikt, sinnlosen zermürbenden Wettkämpfen. Ebenso wenig gibt es dort List und Lüge, Verleumdungen, Eifersucht und Hass und die anderen Faktoren, welche dem Menschen die Ruhe rauben. Dem Menschen drohen dort keinerlei Gefahren, wie die Gefahr des Todes oder der Erkrankung, der Armut und der Bekümmernis" (Pars Today 2020). Im Vergleich zur christlichen und jüdischen Auffassung ist das Paradies auch sinnlicher Art. Insbesondere die Männer können ihrer Lust grenzenlos nachgehen, denn im Paradies wimmelt es nur so von Jungfrauen, die mit anregenden Vaginas und nicht hängenden Brüsten ständig zur Verfügung stehen (Hadith Nr. 29 und 56). Die patriarchalen gegenwärtigen Strukturen im Islam werden auf das Paradies übertragen und so soll den Männern ewige Lust mit Frauen gewährt werden und ihr Glied soll, im Gegensatz zur hiesigen Welt, nie erschlaffen, während den Frauen nur ein Mann zugesprochen wird.

Der Gegensatz zum himmlischen Menschen ist der zur Hölle Verdammte. Der Gesandte Allahs beschreibt die höllische Zustände so:

> „Wahrlich der am mildesten bestrafte Höllenbewohner ist ein Mann auf dessen Höhlungen seiner Fußsohlen zwei glühende Kohlen gelegt werden, von denen sein Gehirn wie ein Kochkessel mit engem Rand kocht" (Sahih Al-Bukhari, Hadith Nr. 6194 in: ebenda).

Schlimmer noch ist das Feuer in der Hölle mit keinem Ende in Sicht. Endlose Qualen ohne Ende oder ewige Verdammnis wird den Ungläubigen zuteil, während die Gläubigen ewige Freude im Paradies genießen können. Hier wird richtiggehend Angst geschürt, die dazu dienen soll, den Menschen zum Islam zu bekehren, um den Qualen beim Jüngsten Gericht zu entgehen.

Unterschiedliche Sichtweisen gibt es in der Überlieferung zischen Tod und Auferstehung:

> „Auch über den Aufenthalt der Stelle zwischen Tod und Auferstehung existieren verschiedene Überlieferungen. Einem dieser Texte zufolge, wird sich die Seele bis zur Auferstehung beim Grabe aufhalten: Das ist dein Platz bis zum Tage der Auferstehung, da dich Gott auferwecken wird. Sie empfängt hier je nach Verdienst Lohn oder Strafe als Vorgeschmack dessen, was sie nach der Auferstehung im Gericht erwartet. Ein anderer Text berichtet, dass alle Gläubigen bereits vor dem Gericht ins Paradies kommen: Die Seele des Gläubigen ist wie ein Vogel, der sich in den Bäumen des Paradieses aufhält, bis Gott am Tage der Auferstehung seinen Leib wiedererweckt" (Muslime fragen, Christen antworten – hier muslimische Sicht 2004).

Unter kritischen Muslimen, genauso wie unter kritischen Christen, nimmt gegenwärtig der Glaube an die Auferstehung und an ein Jenseits ab. Solch ein religiöses Denken entspricht kaum noch den modernen Kulturen mit wissenschaftlicher und technologischer Ausrichtung. Wenn die Menschen in einer Gesellschaft aufgeklärt sind, dann haben sie häufig Schwierigkeiten mit solch transzendenten Begriffen wie auch mit dem Absolutheitsanspruch des Islams. Ein Kritiker argumentiert:

„Nein, nur ein Muslim kann im Jenseits ins Paradies kommen, und jeder, der sich nicht zum Islam bekehrt, der ist verloren. Das ist eine Haltung, die oft kritisiert wird, beispielsweise schon mit der Begründung: Na ja, es ist zwar schon aus islamisch-theologischer Sicht so, dass es eine natürliche Bestimmung der Menschen zum Islam gibt, die ‚Fitra', aber nicht alle wissen das. Wer in einer nicht-muslimischen Familie groß geworden ist, sozialisiert wurde, vielleicht nie etwas davon gehört hat, dass es einen Islam gibt, soll der wirklich von Gott verworfen sein? Da würden dann, denke ich, viele Muslime sagen: Das kann wohl nicht richtig sein." (Matthias Rode in: Hüseyin Topel 2019).

Islam und Islamismus

Der weiter oben diskutierte traditionelle, sich über Jahrhunderte erstreckende Islam wird im 20. und 21. Jahrhundert durch einen Islam, der fundamentalistisch und radikal, sozial und politisch ist, komplementiert. Nilüfer Göle beschreibt diesen Wandel folgenermaßen:

„Obgleich ‚Islam' und ‚Islamismus' in meinem Begriffsgebrauch austauschbar sind, bezieht sich ‚Islam' eher auf den langfristigen historischen Aspekt dieser Religion, ‚Islamismus' dagegen auf die Interpretationen durch menschliches Handeln, folglich eher auf die zeitgenössischen Manifestationen. Die muslimische Identität durchläuft einen Wandel – von einer gleichsam ‚natürlichen', angeborenen Kategorie, einer ‚Tradition', die von Generation zu Generation weitergereicht wird, zu einer ‚sozialen' Kategorie. ‚Islamismus' bezeichnet also eine radikale Prozedur, eine Bedeutungsverschiebung vom Muslimischen zum Islamistischen. Radikal ist der Islamismus auch insofern, als er die ‚gegebenen' Definitionen des Islam zurückweist, weil er sie für zu unterwürfig hält; stattdessen ruft er zu kollektivem Handeln und zur Selbstbehauptung angesichts moderner Machtverhältnisse auf" (Göle 2015, S. 18).

Im Islamismus gibt es keine strikte Trennung zwischen Staat und Religion mehr. Ziel ist es, einen islamischen Gottesstaat zu errichten, in dem die Scharia eingeführt werden soll, wo strenge Regeln alle Lebensbereiche der Muslime in dieser Lebens- und Gesellschaftsordnung steuern. Der auf Engagement und Kompetenz ausgerichtete Dialog der Christen und Muslime gibt zu bedenken:

> „Obwohl es im Koran praktisch keine staatsrechtlichen Bestimmungen gibt, entstand in neuerer Zeit die Vorstellung vom ‚Islamischen Staat'. Muhammads kleiner Stadtstaat in Medina, also die Urgemeinde des Islam, wird von islamischen Ideologen als Modell betrachtet, an dem sich auch heutige islamische Länder zu orientieren haben. Doch es stellt sich die Frage, ob ein kleines Gemeinwesen und ein Agrarareal vor mehr als tausend Jahren ein Paradebeispiel für entwickelte Länder der Gegenwart sein können." (Muslime fragen, Christen antworten 2022)

Was sich jedoch zurzeit als islamischer Staat ausgibt, ist eine Terrororganisation, die mithilfe von eigenen Auslegungen des Korans Angst und Schrecken unter der Bevölkerung hervorruft. Z. B. kontrollierte eine Zeitlang der islamische Staat riesige Gebiete in Syrien und im Irak, mit dem Ziel ein Kalifat (einen Gottesstaat) zu errichten, dessen Wurzeln im 7. Jahrhundert liegen sollen Andersgläubige wurden brutal verfolgt. Wer im Kampf gegen die „Ungläubigen", was nicht nur Atheisten, Christen und Juden betrifft, sondern auch Muslime beinhalten kann, sein Leben opfert, wird zum Märtyrer und ein Platz im Himmel und ein ewiges Leben ist ihm sicher. Das Gleiche galt für die Al-Kaida 9/11 Attentäter „Das Bild des internationalen Terrorismus gewann durch die Anschläge vom 11. September völlig neue Konturen. Der Dschihad-Terrorismus missbrauchte die Religion, der Terror gegen die ‚Ungläubigen' wurde zudem ideologisch als globale Strategie angelegt" (Tophoven 2021). Den Terroristen wird ein ewiges Leben im Paradies zugesagt. Aus den Aufzeichnungen des Terroristen Atta wurde deutlich, wie den Gotteskriegern mit einer Selbstmordaktion in den Diensten der islamischen Sache versprochen wurde, in den Himmel zu gelangen (siehe Rötzer 2010):

> „Im Paradies ist alles sauber. Alles ist rein. Man muss nicht pinkeln und man schwitzt nicht. Unsere Körper haben eine andere Form. Leben ist hier ewig. Es gibt keinen Zeitdruck. Die Menschen des Paradieses können machen, was sie wollen, wann sie dies wollen und wie lange sie es wollen“ (ebenda).

Ein herrliches Bild vom Paradies und vom ewigen Leben, das erreicht werden kann, wenn die „Ungläubigen“ getötet werden. Es klingt dieser Gedanke durch Tötung anderer, ein ewiges Leben zu erlangen, für normal denkende Menschen und auch für Christen und Juden, die den zehn Geboten folgen, wobei ein Gebot lautet: „Du sollst nicht töten“, ja sogar für eine große Anzahl von moslemischen Gläubigen, absurd und widersinnig. Dieser Gedanke, „Ungläubige“ zu töten, um ins Paradies zu gelangen, widerspricht auch dem Koran, denn in Sure 29 steht geschrieben: „Tötet euch nicht gegenseitig“ oder in Sure 5 „Wer einen Menschen tötet, tötet die ganze Menschheit“. Dieses islamistische Denken widerspricht zudem der islamischen Konzeption, nachdem der Körper eine Leihgabe Gottes ist und Gott über das Leben und den Tod der Menschen entscheidet.

> „Das aktive Eingreifen in das Lebensende ist eine schwere Sünde. Der Mensch, der sich dazu entscheidet, begeht die die größte Sünde im Islam und würde dann im Jenseits zur Rechenschaft gezogen werden“ (H. Lobabidi in: Klein 2020).

Das hieße, dass er, statt als Märtyrer verehrt zu werden und an Stelle des von ihm erwartenden ewigen Lebens im Himmel, die Qualen der Hölle erfahren wird. Die Extremisten und Terroristen missbrauchen oder verkehren die Religion des Islams, die auf ein gottgefälliges Leben ausgerichtet ist (Anwalt.org 2022) Es stellt sich die Frage, warum viele Anhänger/innen sich zu diesem Terror bekehren lassen.

Wen können die Terroristen rekrutieren. Wer will sein Leben durch einen Selbstmordanschlag auf grausame Weise beenden? Viele Migranten aus dem Nahen Osten haben in Europa Zuflucht gefunden und werden dort – und nicht nur in Ländern mit islamischer Bevölkerung – zum Terrorismus bekehrt, denn sie haben, im Gegensatz zu ihrem Herkunftsland, das Paradies auf Erden erwartet, mussten jedoch nach einiger Zeit erkennen, dass ihre Erwartungen enttäuscht wurden.

> „Gerade die eingeschleusten alleinstehenden jungen Männer unter dreißig werden bald erkennen, dass sich ihre Naherwartung des Paradieses nicht erfüllt, erst recht nicht, wenn sie kaum gebildet sind. Dann wenden sie sich leichter einem anderen Paradies zu" (Röser 2015).

Viele Migranten hatten Schwierigkeiten, sich sozial, sprachlich und arbeitsmäßig in die westlichen Gesellschaften zu integrieren, was zur Folge hatte, dass sie sich ausgegrenzt und frustriert fühlten und in ihrer Verzweiflung Hass auf den Staat und die Gesellschaft entwickelten. Diese Wut wird von den Islamisten für ihre Zwecke des Terrors funktionalisiert. Sie machen den Migranten deutlich, dass sich ihre Welt des Elends im Hier und Jetzt nicht verändern wird; sie werden, so wird es ihnen eingetrichtert, weiterhin miserabel bleiben, außer sie beteiligen sich an dem islamistischen Kampf gegen den Staat und seine „Ungläubigen". Durch den Tod im Diesseits werden sie in den Himmel gelangen und die Erfüllung ihres Lebens finden. Sie glauben an das ihnen von Islamisten verheißene ewige Leben und lassen sich als Selbstmörderattentäter einsetzen, obwohl der Koran nicht nur das Töten andere, sondern ebenso Selbstmord verbietet, genau wie er bei jeder bewaffneten Auseinandersetzung zur Schonung von Kindern, Frauen und Alten aufruft (siehe Rathner 2005). Doch die Islamisten proklamieren „im Namen einer höheren Gerechtigkeit und heiligen Gewalt [zu handeln]. Die ‚Ungläubigen' und ‚moralisch Verderbten' sollen spüren, was das eigentliche gottgefällige Verhalten ausmacht, das nichts scheut und nichts erschrecken kann, nicht einmal die Sterblichkeit" (Röser 2015). Die gängige Angst vor dem Tod, die viele Menschen in der Welt verspüren, scheint hier kein Thema zu sein. Wahrscheinlich ist die Überzeugungskraft der Islamisten dermaßen stark, dass sie aufgrund des ihnen verheißenen Paradieses den Tod billigend in Kauf nehmen.

Es wird immer wieder die Frage aufgeworfen, ob die Religion, also der Islam, die Triebfeder für den internationalen Terrorismus ist, ob also diese Form der Religion terroristische Wurzeln hat und die meisten Kritiker des Islams deuten es so. Doch Thomas J. Badey argumentiert „that religion is not the cause of contemporary international terrorism. Instead, it is an ideology, which like communism and nationalism, is used to mobilize populations towards political violence“ (Badey 2002, Nr. 1, Einleitung). Auch Göle und Tophoven kamen, wie oben dargelegt, zu der Überzeugung, dass die Islamisten die vorgegebene Definition des Islam zurückweisen und stattdessen eine neue Sichtweise, eine neue Ideologie, verbreiten wollen, was unverkennbar zum Missbrauch der Religion des Islams führt.

Literatur

Anwakt.org (2022). Verkehrung von Islam – Terror und Gewalt als Glaubensüberzeugung.. Online: anwalt.org/islam-terror/ (abgerufen am 2.2.2022).

Badey, Thomas J. (2002). The Role of Religion in international Terrorism. In: *Sociological Focus*, Vol. 35. Nr. 1.

Der Koran (2019). The Oriental and Religious Publishing Corporation LTD (Hrsg.). Rabwah, Pakistan. Online: https://www.koran-auf-deutsch.de/suren/ (abgerufen am 5.2.2022).

Göle, Nilüfer (2015). Die sichtbare Präsenz des Islam und die Grenzen der Öffentlichkeit. In: Nilüfer Göle und Ludwig Amman (Hrsg.). *Islam in Sicht. Der Auftritt der Muslime im öffentlichen Raum*, S. 11–44. Bielefeld.

Hadith (2007). *Das Buch der vierzig Hadithe*. Frankfurt/Main.

Klein, Mechthild (2020). Selbstbestimmt am Lebensende: Islam – das Leben gehört nicht dir allein. In: *Deutschlandfunk* vom 26.8.2020.

Motzki, Harald (2010). Ewig wahre Quellen. Wie glaubwürdig sind die Hadithe? In: T. G. Schneiders. *Islamverherrlichung*, S. 57–72. Wiesbaden.

Muslime fragen, Christen antworten: Tod – Gericht – ewiges Leben. Online: https://antwortenanmuslime.de/tod-gericht-ewiges-leben.html (abgerufen am 15.2.2022).

Osoul Global Center (2021). Auferstehung. Online: https://thisistruth.org/de/resurrection.html (abgerufen am 24.2.2022).

Pars Today (2020). Islam richtig kennenlernen. Online: https://parstoday.com/de/radio/programs-i52242-islam_richtig_kennenlernen_(218_das_paradies_jenseits_araf) (abgerufen am 24.2.2022).

Rathner, Christian (2005). Religiös motivierter Terrorismus: Für Allah sich und andere töten. In: *Die Furche. Die österreichische Wochenzeitung* vom 31. August 2005.

Röser, Johannes (2015). Terror: der Islam, das Böse, der Himmel und der Tod. Online: https://www.herder.de/cig/zeitgeschichte/22015/0712-2015/terror-der-islam-das-boese-der-himmel-und-der-tod/ (abgerufen am 26.2.2022).

Rötzer, Florian (2010). Was erwartet die islamischen Märtyrer oder Terroristen. In: *Telepolis Magazin* vom 21. Oktober 2010.

Sunna (2021). *Die Grundlagen der Sunna*. Independently Published.

Topel, Hüseyin (2019). Im Islam täglich an den Tod denken. In: *Deutschlandfunk* vom 26.6.2019.

Tophoven, Rolf (2021). Islamischer Terrorismus seit 9/11. In: *Bundeszentrale für politische Bildung* vom 9.7.2021.

12 Kritische Auseinandersetzungen mit den Vorstellungen eines ewigen Lebens der Religionen

Die Moral in den Religionen für ein Leben im Diesseits und Jenseits

Wie weiter oben ausgeführt wurde, ist das Jüngste Gericht bei den drei in dieser Arbeit diskutierten Religionen ein entscheidendes Ereignis, das ein Leben nach diesem Leben, also ein ewiges Leben oder eine ewige Verdammnis besiegelt. Die Guten, Gerechten, Frommen und Gläubigen werden belohnt und die Bösen, Übeltäter, Selbstsüchtigen und Gottlosen werden bestraft. Den Vorstellungen der diversen monotheistischen Religionen liegt eine von Gott verordnete Sittenlehre zugrunde, welche nicht nur stabilisierende Wirkungen auf die Gesellschaft haben soll, sondern sie soll am Ende der Tage auch darüber entscheiden, wer aufgrund seines Lebenswandels und seines Glaubens ewig leben darf und wer nicht. Der moralische Codex beruht auf dem göttlichen Willen, der dem Menschen im Judentum und Christentum durch die zehn Gebote und in der letzteren Religion auch noch durch die Bergpredigt Jesu kundgetan wurde sowie im Koran und der Sunna, in welchen die Maßstäbe für ein moralisches Leben bestimmt wurden, nach welchem deutlich zwischen gut oder böse unterschieden wird. Das soziale Bewusstsein des moralischen Menschen beruht z. B. im Islam den Überlieferungen zufolge, auf einem guten Charakter, der die Armen und Bedürftigen unterstützt und durch religiöse Rituale, wie beten, fasten und Pilgerfahrten sich purifiziert (siehe Nanji 1981, S. 106–118), was zweifelsohne zu würdigen ist. Dieses göttlich offenbarte ethische System soll ewigen Bestand haben und das Fundament der islamischen Gesellschaft bilden. Die Belohnung des guten und gerechten Menschen im Leben nach diesem Leben ist darüber hinaus der motivierende Faktor für moralische Erziehung (siehe Halstead 2007, S. 283–296). Auch im Judentum, ebenso wie im Christentum, beruht die Moral auf einer göttlichen Offenbarung. So soll Mose die 10 Gebote von Gott auf dem Berg Sinai empfangen haben. Sie sollen ihm diktiert worden sein und er habe sie auf zwei steinerne Tafeln geschrieben. Die ersten vier Gebote verordnen das Verhalten des Menschen Gott gegenüber, die sechs weiteren das Verhalten der Menschen untereinander (siehe Exodus 20, 2–17). Die 10 Gebote waren nicht nur für die damalige Zeit wichtig, sondern behielten bis in die Gegenwart hinein „ihre überragende Bedeutung als lebensnotwendige Grundregeln für alle Lebensbereiche in der weiteren Geschichte von Juden- und Christentum. Sie gelten gläubigen Juden und Christen als Kern und Konzentrat der Offenbarung Gottes an Mose, den zum Führer Israels berufenen Empfänger und Vermittler seines Willens für das erwählte Gottesvolk“ (Malkowski k. D.). Die Moral ist das Resultat der Offenbarung Gottes, ist also gott- und nicht menschengemacht. Nach den drei monotheistischen Religionen ist Gott zur Bildung einer Moral bei den Menschen unabdingbar. Viele Menschen können sich selbst in der heutige Zeit eine Moral ohne Gott nicht vorstellen. Nach philosophischen Sichtweisen, insbesondere den Vorstellungen der existenzialen Humanisten entsprechend, stellt sich die Frage, wo die Freiheit der Menschen bleibt, wenn Gottes Weisung ihnen auferlegt, was sie tun und was sie lassen sollen, denn die Unterwerfung unter die universalen Diktate Gottes zerstört die menschliche Einmaligkeit und freie moralische Gestaltungsfähigkeit. In der Perspektive Nietzsches sollten die Menschen „die Neuen, die Einmaligen, die Unvergleichbaren, die Sich-selber-Gesetzgebenden, die Sich-selber-Schaffenden“ sein (Nietzsche 1994, KSA 3, S. 560). „Sei du selbst“ oder „erkenne dich selbst“ war schon vor Jahrtausenden das Ziel der antiken Philosophen. Ein religiöser Mensch soll, im Gegensatz zu christlichen Verordnung, kein ständig Abhängiger, kein Beherrschter, kein Sklave sein (siehe ebenda, KSA 5, Jenseits von Gut und Böse). Diese der Sklavenmoral huldigenden Menschen gibt es noch zahlreiche, wie die Untersuchung des amerikanischen Pew-Instituts zeigt, nach der 34 Länder befragt worden sind, ob Gott unerlässlich für die Moral sei, stimmten 45 Prozent dieser Korrelation zu, wobei auffiel, dass diese Vorstellung in den Ländern, wo die Wirtschaft und das Bildungswesen schwach sind, große Zustimmung fand. Die Ausnahme waren die Vereinigten Staaten von Amerika, in denen aufgrund fundamentalistischer christlicher Denominationen, Moral ohne Gott nur schwer vorstellbar ist.

Ein gutes Leben, das den Lebensregeln der Religionen folgt, seien es der Koran oder die Bibel, sollen den Menschen nicht nur in diesem Leben glückselig machen, sondern sollen ihnen nach dem Tode eine ewige Glückseligkeit im Paradies bescheren (siehe Schulze 2011). Die Frage taucht jedoch auf, ob solch eine auferlegte Moral nicht gegen die Freiheit und Eigenverantwortlichkeit der Menschen spricht. Jesus scheint diese Kritik auch in seiner Begegnung mit dem reichen Jüngling zum Ausdruck zu bringen, wenn er ihm klarmacht, dass eine Erfüllung der Gesetze nicht ausreicht, um das ewige Leben zu gewinnen. Er soll alles, was er hat, verkaufen und alles den Benachteiligten und Geringsten geben. Diese Sicht des Nächsten fehlte ihm (siehe Markus 10, 17–27). Er zeigte keine helfende Hand den Armen gegenüber und wollte seinen Besitz nicht mit den Unterprivilegierten teilen, was ebenso typisch für den modernen kapitalistischen Geist ist. Die Habgier steht, Jesus zufolge, ihnen im Wege, das ewige Leben zu erlangen.

Soziale Bedingungen für die Entstehung und Entwicklung von Religionen

In weniger entwickelten Wirtschafts- und Bildungssystemen stellen sich die Menschen sehr häufig Fragen, die ihr Schicksal betreffen, wobei die Antworten zumeist einen religiösen Charakter offenbaren. Dadurch dass die Welt in diesen Regionen als unverständlich und unfassbar eingeschätzt wird und hinter den unerklärlichen Erscheinungen Geister, Dämonen oder Götter vermutet werden, ist die Folge eine religiöse Deutung dieser mysteriösen Phänomene, so Duerr (2020). Nach Hoerster sind es Fragen, die direkt oder indirekt „die gesamte Lebenseinstellung eines Menschen, seine Ziele und Ideale, bis hin zu seiner im Alltag gelebten Moral beeinflussen können“ (siehe Hoerster 1990, Religionskritik, Einleitung S. 6 f.). Der Mensch wird in dem religiösen Rahmen sozialisiert, sodass er sich jenseitigen Kräften, wie Gott und seiner Obhut unterwirft, die ihn schützen und führen sollen. Seine vermeintlichen Doktrinen werden als wegweisend für den Alltag hochstilisiert. Diese Vorstellung ist teilweise noch in modernen Gesellschaften zu beobachten, wo sich Menschen trotz der Ära der Aufklärung und des wissenschaftlichen Fortschritts von der Religion bestimmen lassen. Religiöse Sozialisationen sorgen dafür, dass sich Kinder und Jugendliche im dem vorgegebenen religiösen Gestell entwickeln und sie ihr Leben lang dort eingebunden bleiben. Es stellt sich die Frage, ob es sich jemand wirklich wünschen kann, dass „gerade seine religiösen Überzeugungen sein ganzes Leben lang ausschließlich von jenen Prägungen abhängig bleiben, die er durch Elternhaus und soziale Umgebung empfangen hat". (ebenda). Zweifelsohne ist jedwede Alltagswelt, ob christlich, jüdisch oder muslemisch, ob industriell hochentwickelt oder agrarisch geprägt, schlicht gegeben und sie ist als „selbstverständliche Wirklichkeit" ein nicht von Rationalisierungsvorhaben beeinträchtigendes Erleben (siehe Schütz 1979, S. 29). Aber durch Routine, Gewohnheitsbildung und habituelles Handeln wird in den meisten Fällen die Tradition der Bibel, des Talmuds oder des Koran mit ihren diversen Überlieferungen meist ohne jegliche Auseinandersetzung übernommen. Auf diese Weise kommt es nicht selten zu jahrhundertlangen Wiederholungen des Gleichen, ohne dass ein Ausbruch erfolgt. Eine Transformation des Gegebenen kann nur erfolgen, wenn mithilfe der Selbsterkenntnis und der Selbstöffnung die Alltagswelt aufgelockert oder gar aufgebrochen wird und Differenzen zu den gegenwärtigen Strukturen entwickelt werden. In der Folge würden dann die religiösen Überzeugungen aus der Vergangenheit nicht länger die Alltagswelt ohne jegliche Auseinandersetzung bestimmen. Nach Anthony Giddens (1991) ist die spätmoderne Entwicklung durch selbstreflexive Prozesse gekennzeichnet, die es den Menschen ermöglichen sollen, eigene Wege zu gehen und sich nicht durch religiöse Überlieferungen bestimmen zu lassen. In gewissen europäischen Ländern ist das bereits zum Teil der Fall, wie die obige Studie des Pew-Instituts zeigte.

Eine weitere Kritik an den drei oben diskutierten Religionen ist die, wie sie mit elenden sozialen Bedingungen umgehen. Statt darauf einzuwirken, das wirkliche Elend (das psychische Elend, z. B. die Angst, das soziale Elend, z. B. die Armut, das ökonomische Elend, z. B. die Ausbeutung, das politische Elend, z. B. die Ungerechtigkeit) zu beheben, konstruieren die Religionen, von einigen Ausnahmen abgesehen, bei denen auf irdische Veränderungen hingewirkt wird, die Illusion einer wunderschönen jenseitigen Welt. Für Marx ist das religiöse Elend „in einem der Ausdruck des wirklichen Elends und in einem die Protestation gegen das wirkliche Elend. Die Religion ist der Seufzer der bedrängten Kreatur, das Gemüt einer herzlosen Welt, wie sie der Geist geistloser Zustände ist. Sie ist das Opium des Volks. Die Aufhebung der Religion als des illusorischen Glücks des Volkes ist die Forderung seines wirklichen Glücks. Die Forderung, die Illusionen über seinen Zustand aufzugeben, ist die Forderung, einen Zustand aufzugeben, der der Illusionen bedarf. Die Kritik der Religion ist also im Keim die Kritik des Jammertales, dessen Heiligenschein die Religion ist" (Marx 1968, Band 1, Einleitung). Darüber hinaus schreibt er:

> „Aber wir müssen auch die Macht antimaterialistischer Ideen akzeptieren, die Menschen daran hindert, ihre Fähigkeit zu erkennen, die ‚herzlose Welt' des Kapitalismus zu zerstören und sie durch eine Gesellschaft zu ersetzen, in der die Menschen nicht auf ein Himmelreich als Lösung für ihre weltliche Armut warten müssen. Religionskritik bedarf einer Einschätzung der materiellen, geschichtlichen Umstände, auf denen die jeweilige Religion beruht und mit denen sie sich auch ändert" (Marx ebenda, S. 21).

Zweifelsohne haben sich einige Theologen der heutigen Zeit in ihren Botschaften gewandelt. Zwar bleibt die himmlische Welt immer noch das ersehnte Ziel, doch plädiert zusehends manch ein Theologe dafür, das irdische Jammertal anzugehen und auf eine dortige Veränderung hinzuwirken. Man denke an Lateinamerika, einem zumeist von Katholiken geprägter Erdteil, in welchem über lange Zeit hinweg die Kirche Stützpfeiler der politischen Unterdrückung war und es eine unheilsame Allianz zwischen der Kirche und der Politik der Unmenschlichkeit gab. An Stelle eines besseren Lebens im Jenseits versuchten einige katholische Priester auf das Diesseits, auf das irdische Elend einzuwirken, indem sie ein neues Verständnis des Göttlichen entwickelten (siehe Boff 1980, Cardenal 1981 und Gutiérrez 2004). Religion soll sich als Paradebeispiel der kritischen Theologen nicht in Kirchenbesuchen, im Beten, Ritualen und Liturgien erschöpfen, sondern soll vielmehr Nächstenliebe den Elenden, Leidenden und Armen gegenüber erweisen. Es geht in ihrem katholischen Verständnis darum, den Unterdrückten und Unterprivilegierten zur Seite zu stehen und für sie ein humanes Diesseits zu schaffen, statt sie auf das Jenseits zu vertrösten. Eine durch Menschenhand geschaffene neue soziale Welt, in der jeder nach seinen Fähigkeiten und Bedürfnissen zu leben vermag, könnte die von Milliarden Menschen gehegte Hoffnung auf ein besseres Leben hier und jetzt in Erfüllung gehen lassen, statt ständig auf das Jenseits zu blicken. Ein Gedicht von Theo Lehmann mit dem Titel *Vom Jenseits* zum *Diesseits* bringt diese Gedanken der Befreiungstheologie zum Ausdruck:

> „Vom Jenseits zum Diesseits,
> von drüben nach hier
> ist Gott umgezogen ins Armenquartier.
> Arbeitskleidung statt Talare,
> Kuhgebrumme statt Fanfare,
> und statt Fahnen und Standarten
> flattern Windeln jetzt im Garten" (Lehmann 2004).

Helmut Rohner zufolge ist die Religion In Europa über eine lange Zeit ins Private abgeschoben worden.

> „Was du glaubst, das ist allein deine Sache. Das interessiert sonst niemanden. Das war auch ein Grund, warum die Europäer sich mit der Befreiungstheologie so schwer taten, weil diese ein sozialpolitisches Engagement der Christen nicht nur bejahten, sondern in den Vordergrund stellten" (Rohner 2021).

Doch allmählich änderten sich auch einige europäischen Sichtweisen. Hiernach sollte das Private politisch werden. Es sollte auf Erden, statt im Himmel, ein Reich Gottes der Gerechtigkeit und Barmherzigkeit etabliert werden. Dietrich Bonhoeffer gilt als Paradebeispiel für solch ein Denken, wenn er schreibt; „Nicht um das Jenseits, sondern um diese Welt geht es", oder: „Gottes Reich ist das Reich der Auferstehung auf Erden" (Siehe Schlingensiepen 2007, S. 309 ff.). Statt den Blick aufs Jenseits zu werfen geht es um die „Erfüllung im Diesseits" (siehe Römelt 2021). Mit der Hinwendung zum Diesseits soll der Glaube die Sprache der Menschlichkeit zurückgewinnen, welche die Sehnsucht der Menschheit nach Glück und Lebensfreude im Hier und Jetzt betont.

Phantasie im religiösen Glauben

Religion beruht auf Phantasie und Imagination. Sie ist fiktiv und inspirierend, wie Werner Ritter schreibt; „Die Phantasie des Glaubens entdeckt die poetische Seite der Wirklichkeit, deren Chancen und Möglichkeiten. Sie zeigt, was sein konnte. Sie ist darum ein inspirierender Quell und ein unerschöpfliches Reservoir religiöser Erneuerungskraft“ (Ritter 2000, Buchrücken). Nach Hugo Stamm entdeckte der Mensch die Phantasie, die es ihm ermöglichte, eine Vorstellung von Gott oder von Göttern zu entwickeln. Diese Phantasie war, Stamm entsprechend „der entscheidende Schritt, der die Welt dramatisch verändern sollte, [es] war die Entwicklung der Sprache und des fiktiven Denkens des Homo sapiens. Plötzlich konnte er Überlegungen anstellen, Geschichten erfinden, sich Fragen stellen, Antworten suchen, Ideen entwickeln und in die Zukunft denken. Das war die Geburt der Fantasie, die das fiktive Denken ermöglichte. Dem Homo sapiens tat sich eine neue geistige Welt auf“ (Stamm 2019). So wurden Gott oder die Götter zu fiktiven Konstrukten, um unbekannte Phänomene zu erklären. Buster Conway schreibt in einem Kommentar in Quora über die Bedeutung der Fantasie für eine miserable Alltagswelt:

> „Anyone is free to believe whatever one desires. These beliefs do not make them true, but if it makes you happy, then that's fine. Fantasy can be a great relief from the harsh reality of everyday life“ (Quora 2018).

So kann der Mensch mithilfe der Phantasie alternative Welten konstruieren, die ihn glücklich machen und ihn seine Sorgen vergessen lassen. In ähnlicher Weise argumentiert Jaime Esparza (ebenfalls in Quora 2018), wenn er darlegt, wie die religiöse Phantasie die vielen ungelösten Fragen der Menschheit, wie Tod und das Leben nach dem Tod, zu beantworten und auf Ängste einzugehen vermag:

> „Religion is a consolation to humans, fearful of the unknown and of the destiny of their egos after death. In that sense religion is inevitable as long as humankind does reach a clear, profound understanding of the significance and the real value of life, as well as of its unavoidable final

> end. I personally believe that religion is born on fear and ignorance, both eternally present in mankind´s hearts and minds, due to the existence of so many unanswered essential questions involving its own existence and reason to be".

Die Phantasie überschreitet das Hässliche und das Angstauslösende der Alltagswelt und führt dem Menschen eine heile Welt vor Augen, was ihn beruhigt und tröstet. Sie hat damit einen psychologischen Wert, doch es erfolgt keine tiefgründige Auseinandersetzung mit dem diesseitigen Leben und den Grenzerfahrungen, die ein endliches Leben mit sich bringt.

Religiöse Halluzinationen

Im Kapitel 8 wurde zum einem im Hinblick auf den Tod Jesu und zum anderen hinsichtlich seiner Auferstehung Halluzinationen als möglich erachtet. Beim Tode Jesu waren seine Nachfolger so bitter enttäuscht, dass sie sich nicht mit dieser schrecklichen Situation zurechtfinden konnten und Trugwahrnehmungen entwickelten. Gleiches könnte man auf die verklärte Erscheinung nach seinem Tod übertragen. Es stellt sich die Frage, ob der reale oder der imaginäre Jesus von seinen Nachfolgern gesehen wurde. Geht man davon aus, dass es Halluzinationen waren, lässt diese Feststellung nicht unbedingt auf irgendwelche psychischen Störungen schließen, denn sie können auch normale Menschen befallen, wie Erich Kasten dies zum Ausdruck bringt:

> „Halluzinationen entspringen den gleichen Hirnregionen, die auch bei psychisch Gesunden akustische, visuelle oder taktile Reize verarbeiten. Die Teile des Kortex, die Sprache und innere Bilder erzeugen, entfalten bei Trugwahrnehmungen eine Art Eigenleben" (Kasten 2018).

Das heißt, dass Menschen mit Trugwahrnehmungen nicht gestört oder abnorm sein müssen, was auch für die Nachfolger Jesu gilt, die den auferstandenen Jesus zu sehen glaubten. Das Gehirn erzeugte eine Welt, die von ihnen als reale Sinnes-Wahrnehmungen angenommen wurden, denen jedoch kein

Außenreiz entsprach. Eine Sinnestäuschung wurde jedoch abgestritten und das religiöse Erleben als echt dargestellt und weil so viele Menschen das gleiche Erlebnis hatten, wird an dem Wahrheitscharakter nicht gezweifelt. Diese optische Halluzination gibt den Nachfolgern Mut und Hoffnung auf die eigene Auferstehung und auf ein ewiges Leben. Den Halluzinationen wohnt eine tiefe Ergriffenheit inne und sie werden von der betreffenden Person als Glücksgefühle erlebt.

Literatur

Boff, Leonardo (1980). *Die Neuentdeckung der Kirche*. Mainz.

Cardenal, Ernesto (1981). *Das Evangelium der Bauern von Soletiname.* Wuppertal.

Duerr, Hans Peter (2020). *Diesseits von Eden. Über den Ursprung der Religion.* Frankfurt am Main.

Exodus 20, 2–17. In: Luther-Bibel (2017). Stuttgart.

Giddens, Anthony (1991). *Die Moderne und Ihre Folgen*. Frankfurt/Main.

Gutiérrez, Gustavo (2004). *An der Seite der Armen. Theologie der Befreiung.* Augsburg.

Halstead, J. Mark (2007). Islamic Values: a distinctive framework for moral Education. In: *Journal of Moral Education*, 36, 3, 283–296.

Hoerster, Norbert (1990). *Religionskritik, Einleitung*. Stuttgart.

Kasten, Erich (2018). Kommen Halluzinationen auch bei Gesunden vor? Online: Https://www.spektrum.de/frage/Kommen Halluzinationen auch bei Gesunden vor? – Spektrum der Wissenschaft (abgerufen am 28.2.2022).

Lehmann, Theo (2004). Vom Jenseits zu Diesseits. Online: https://www.evangeliums.net/lieder/lied_vom_jenseits_zum_diesseits.html (abgerufen am 1.3.2022).

Malkowski, Günter (k. D.). Über Juden, Judentum, Israel, Polen und mehr. Online: https://malkowski.jimdofree.com/about/ (abgerufen am 3.3.2022).

Marx, Karl (1968). Zur Kritik der Hegelschen Rechtsphilosophie. In: *MEW, Band 1*. Berlin.

Marx21.DE (K. D.). Wie hältst Du's mit der Religion? Online: https://www.marx21.de/wie-hältst-dus-mit-der-religion/ (abgerufen am 5.3.2022).

NANJI, AZIM (1981). Islamic Ethics. In: PETER SINGER. *A Companion to Ethics*, S. 106–118. Oxford.

NIETZSCHE, FRIEDRICH (1994), *Werke*. Berlin.

Quora (2018). As an Atheist, is Religion a fantasy to you? Online: https://www.quora.com/as-an-atheist-is-religion-fantasy-to-you (abgerufen am 7.3.2022).

RITTER, WERNER (2000). *Religion und Phantasie*. Göttingen.

ROBERTZ, ANDREAS (2020). Studie in Religion und Wertesystemen / 45 Prozent der Befragten halten Gott für unerlässlich für die Moral. In: *Deutschlandfunk* vom 14.8.2020.

SCHULZE, REINHARD (2011). Glück im Islam. Das Glück der Sinne und das Glück der Spiritualität. In: D. THOMÄ et al. *Glück*, S. 357–361. Stuttgart.

SCHÜTZ, A. (1979/2003). *Strukturen der Lebenswelt*. Hrsg. T. LUCKMANN. Frankfurt/Main.

RÖHMELT, JOSEF (2021). *Erfüllung im Diesseits: Gegenwartsutopien, die christliche Heilsbotschaft herauszufordern*. Freiburg.

ROHNER, HELMUT (2021). Religion und Politik. Online: https://www.helmut-theodor-rohner.eu/aktuell.html (abgerufen am 15.3.2022).

SCHLINGENSIEPEN, FERDINAND (2007). *Dietrich Bonhoeffer 1906–1945. Eine Biographie*. München.

STAMM, HUGO (2019). Als der Mensch die Fantasie entdeckte, erfand er Gott (und die Probleme begannen). Online: https://www.watson.ch/blogs/sectenblog/149245290-als-der-mensch-die-fantasie-entdeckte-erfand-er-gott (abgerufen am 10.3.2022).

Teil III –
Das ewige Nichts nach dem Tode

13 Nach diesem Leben das ewige Nichts: C'est la vie!

Das ewige Nichts: Infrage Stellung eines ewigen Lebens nach diesem vergänglichen Leben

Viele Menschen haben Angst vor dem Tod, wie weiter oben gezeigt wurde. Das eigentliche Wovor der Angst ist, nach Kierkegaard, jedoch nicht der Tod als solcher, sondern das Nichts, das der Tod mit sich bringt. Er unterscheidet zwischen der Furcht und der Angst. Während die Furcht, die vor einer Sache oder vor einem bedrohlichen Gegenstand oder einer bestimmten Person ist (z. B. Furcht vor einem Sturm, vor einer Prüfung, vor einen Arztbesuch, usw.), beruht die Angst auf dem Bewusstwerden des Unbestimmten, Unbekannten, Unfassbaren, das dem drohenden Vergehen von Selbst und Welt ins Nichts zugrunde liegt (siehe Kierkegaard 1991). Auch der Existenzpsychologe Rollo May konstruiert die Angst als ein Gefühl, sich selbst und seine Welt zu verlieren und dass das Ich oder das Selbst ein Nichts werden kann (siehe May 1982).

Die christlichen Kirchen versuchen den Menschen die Angst vor dem Tod und dem Danach zu nehmen, indem sie das Unbestimmte zum Bestimmten, das Unbekannte zum Bekannten und das Unfassbare zum Fassbaren machen. Sie versprechen den Gläubigen, dass das Nichts des Todes zu einem erstrebenswerten Etwas transformiert wird, nämlich zu einem neuen Leben nach dem Tod. Doch trotz der von der Kirche vertretenen Erlösungstheorie sinkt der Glaube an ein Leben nach dem Tod in fortgeschrittenen Industriegesellschaften kontinuierlich. Immer mehr Menschen lehnen die Botschaften der Religionen ab und mit ihr die Auferstehung und ein ewiges Leben. Selbst unter den jüngeren und kritischen Katholiken soll, einer Umfrage zufolge, die Hälfte nicht mehr an ein ewiges Leben glauben (siehe Stamm 2019a). Das heißt, sie lehnen das von der christlichen Religion angebotene Etwas ab, genauso wie sie die Vorstellungen eines ewigen Lebens durch den wissenschaftlichen Fortschritt als Illusion verwerfen und so bleibt ihnen bei der Ablehnung eines ewigen Lebens nur noch ein nichtendes Nichts übrig. Was entweder wider jegliche Vernunft ist (Das Ewige in den Religionen) oder jenseits des menschlichen Vermögens ist (das Ewige in den Wissenschaften), können sie schlicht und einfach nicht mit ihren Vorstellungen vereinbaren.

In der Zeit der Aufklärung wurde das rationale Denken proklamiert und die Menschen wurden dazu aufgefordert, sich nicht überholten Überlieferungen zu unterwerfen, sondern sich ihres eigenen Verstandes zu bedienen. Kant statiert:

> „AUFKLÄRUNG ist der Ausgang des Menschen aus seiner selbstverschuldeten Unmündigkeit. Unmündigkeit ist das Unvermögen, sich seines Verstandes ohne Leitung eines anderen zu bedienen. Selbstverschuldet ist diese Unmündigkeit, wenn die Ursache derselben nicht am Mangel des Verstandes, sondern der Entschließung und des Mutes liegt, sich seiner ohne Leitung eines andern zu bedienen. Sapere aude! Habe Mut, dich deines eigenen Verstandes zu bedienen“ (Kant 2004, S. 5).

Stamms Beitrag *Der Glaube an ein Leben nach dem Tod sinkt* (2019) zeigt die Unvereinbarkeit des rationalen Denkens mit den althergebrachten kirchlichen Ideologien auf, indem ein ewiges Leben der Gläubigen schlicht und einfach dem Verstand widerspricht. Das göttliche Wesen und die Verheißung eines Himmels und die Konstruktion einer furchterregenden Hölle ist ein unter bestimmten geschichtlichen Bedingungen geprägtes Phänomen, das in einer modernen wissenschaftlichen und technologisch fortgeschrittenen Gesellschaft als veraltet und überholt gilt. Gerhard Beierlein schreibt in einem Kommentar in dem oben zitierten Beitrag Stamms:

> „Denkt doch mal logisch nach, wie kann es ein Leben nach dem Tod geben? … In der Bronzezeit, hat man sich einen alleinherrschenden ‚Gott‘ ausgedacht und hofft und glaubt an ein ewiges Leben. Wie wahrscheinlich kann das sein? Da sich aber die Kirchen mit diesem Aberglauben ihre Gläubigen einfangen, wird sich so schnell auf unserem Planeten nichts in Richtung Aufklärung tun. Das dumme daran ist nur, dass diese es versäumen, im Hier und Jetzt das richtige zu tun und angst-

frei ihr einzigartiges Leben leben, dabei verschwenden sie weiterhin ihre Lebenszeit mit sinnlosen Hoffnungen und Ängsten. Es bliebe uns allen folglich noch genug Zeit, für uns und die nachfolgenden Generationen die Weichen in Richtung Vernunft zu stellen. Jeder, der das Lügengebäude des Glaubens durchschaut hat, wird mir Recht geben. Ich will ja nicht behaupten, dass das Konzept Glaube mit der Absicht des Betruges konzipiert wurde, in der damaligen Zeit wusste man eben vieles nicht rational zu erklären, aber inzwischen sollte doch langsam jeder vernunftbegabte Mensch gemerkt haben, dass damit keine zukunftsorientierte Lösung der Probleme zu machen ist. Mit anderen Worten, Glaube an ein höheres Wesen gehört auf den Müllhaufen der Geschichte" (Beierlein 2019).

Da der vernunftbegabte Mensch weder an Gott noch an die Auferstehung glauben kann, gibt es für ihn kein Weiterleben nach dem Tod und somit auch kein ewiges Leben. Man muss der Sache ins Auge sehen und bereit sein, das Leben hier und jetzt als das einzige Leben, das der Mensch hat, zu akzeptieren und sich nicht Illusionen eines ewigen Lebens hinzugeben.

Der bekannte Literaturkritiker Marcel Reich-Ranicki hat in einem Interview in der Zeitschrift Stern klar und deutlich den Tod als Schlusspunkt des Lebens bezeichnet und ein Leben nach dem Tod als reines Wunschdenken verworfen.

> „Es gibt kein Weiterleben nach dem Tod ... Es ist wichtig, die Wirklichkeit so zu sehen, wie sie ist. Auch wenn mir nicht gefällt, was ich sehe. Es hat keinen Sinn, sich selbst zu betrügen. Religion ist eine Brille, die den Blick auf die Wirklichkeit trübt, die bittere Realität hinter einem milden Schleier verschwinden lässt" (Reich-Ranicki 2012, S. 121).

Die kulturelle Evolution des Glaubens an ein Danach ist, Martin und Augustine (2015) zufolge, keine moderne Innovation, sondern basiert auf einer Vergangenheit, in der das mythische Denken gegenüber der Rationalität obsiegte. In einem wissenschaftlichen Zeitalter würde der Glauben an eine nichtkörperliche Seele den physikalischen Gesetzmäßigkeiten widersprechen.

Doch nichtsdestotrotz können diese, dem Verstand widersprechenden Illusionen oft als Stützen im alltäglichen Leben wirken und möglicherweise die Psyche stärken, wie Berezow argumentiert:

> „Let's set aside the debate on whether there is an afterlife or whether any religious beliefs are true. Religious people (who, in general, tend to believe in an afterlife) are happier and more civic-minded than non-religious people. They are also likelier to have better mental health. We appear to be evolutionarily wired for belief in a higher power, so even if religion is a bunch of hogwash and fairy tales, it's still good for you and for society" (Berezow 2020).

So mögen die religiösen Mythen wider jeglichen Verstand sein, trotzdem sollen sie jedoch angstvermindernd und sogar gesundheitsfördernd sein und auf diese Weise entgehen viele Menschen dem nichtenden Nichts, das sie nicht verkraften können.

Mit der Akzeptanz des Todes sinnvoll leben lernen

In einer Radiosendung des SWR, dem das Thema Tod zugrunde lag, lautete der spezifische Beitrag „Den Tod akzeptieren, heißt leben lernen" (Cantzen 2021). Dieser Beitrag beabsichtigte bei den Hörern einen gelasseneren Umgang mit der Sterblichkeit. Sie sollten lernen, die Vergänglichkeit als Teil des Lebens zu verstehen. Auch Nietzsche gibt zu bedenken, dass der Tod zum Leben gehört und somit das Sterben ein Akt des Lebens ist. „Nur der wird mit Würde sterben, der im Leben eine feste Haltung bewahrte" (Nietzsche 1994, KSA 8, S. 163). Sinnvoll leben, heißt sinnvoll sterben zu können.

> „Leben lernen, ist die Voraussetzung, um sterben lernen zu können. Wenn ich Herr über mein Leben bin, dann ist es auch möglich, Herr über mein Sterben zu werden. Der jeweilige Mensch gestaltet das je seinige Sterben, wie er sein eigenes Leben gestaltet" (Hellerich und White 2008, S. 33).

Einige Menschen sind der Meinung, dass die Menschen, die den Tod als Teil des Lebens akzeptieren, das gute Sterben als eine „ars moriendi", als eine „Kunst, gut zu leben und gut zu sterben" (Langer 1996) verstehen. Im Gegensatz zur modernen Expertenkultur der Krankenhäuser, Pflegeheime, Ärzte usw., die das Sterben bestimmen, plädiert Foucault in seinen späten, auf die antiken Philosophen aufbauenden Schriften für eine Selbstkultur, in welcher in einer Art Selbstpraxis ein gutes Verhältnis zum Leben und Sterben entwickelt wird (Foucault 1986).

Die Ablehnung eines ewigen Lebens und die Akzeptanz des ewigen Nichts

In seiner Verteidigungsrede gegen das ihm verhängte Todesurteil stellt Sokrates zwei Optionen für das Leben nach dem Tod heraus: zum einen die zu jener Zeit gängige Seelenwanderung, also das Weiterleben nach dem Tod und zum anderen das Ende des Bewusstseins, das ewige Nichts. Das Nichts betrachtet er als einen tiefen Schlaf, ohne Träume. Mit dem Verlust des Bewusstseins verliert der Mensch jegliche Gefühle und Wahrnehmungen, deren Folgen die sind, dass er kein Leiden und keine Schmerzen mehr erfährt. Angst vor dem Tod zu haben, ist daher nicht angebracht (Platon 1986, Apologie des Sokrates, Dritte Rede). Epikur verneint Sokrates erste Option, weil er an keine Götter und an keine Seelenwanderung glaubt, sympathisiert jedoch mit der zweiten Option. Wie für Sokrates, so ist auch für Epikur der Tod nichts Furchterregendes. Er argumentiert: „Das schauerlichste Übel also, der Tod, geht uns nichts an, denn solange wir existieren, ist der Tod nicht da, und wenn der Tod da ist, existieren wir nicht mehr" (Epikur 2004, 125. Brief). Nach dieser Art der Argumentation braucht der Mensch keine Angst vor dem ewigen Nichts des Todes zu haben, denn er verliert das Bewusstsein und mit ihm Wahrnehmungen und Gefühle.

Der sehr bekannte Wissenschaftler, Stephen Hawking, betrachtet die religiöse Vorstellung eines Lebens nach diesem Leben als eine „fairy tale", die gewisse Leute brauchen, um mit ihrer Angst und Unsicherheit umgehen zu können. Er selbst brauche diesen religiösen Trost nicht, ist Hawkings grundsätzliche Überzeugung (siehe Hawking 2011). Statt in Panik vor dem Tod zu verfallen, sollten wir unsere Potenziale in der Welt verwirklichen. In einem Interview verwarf Hawking „the notion of life beyond death and emphasised the need to fulfil our potential on Earth by making good use of our lives. In answer to a question on how we should live, he said, simply: ‚We should seek the greatest value of our action'" (ebenda). In Zeit Online wurden anlässlich seines Todes nochmals einige seiner Gedanken über den Tod festgehalten, wie z. B. : „Ich sehe das Gehirn als einen Computer an, der aufhört zu arbeiten, wenn seine Einzelteile nicht mehr funktionieren". Oder: „Es gibt kein Leben nach dem Tod für kaputte Computer; das ist ein Märchen für Leute, die Angst im Dunkeln haben" (Hawking in Zeit Online 2011). Hugo Stamm denkt ähnlich wie Epikur und Hawking, wenn er argumentiert, dass der Tod das Unausbleibliche ist, dem man sich fügen muss, statt sich religiösen Illusionen hinzugeben:

> „Taktische Manöver, um dem Tod einen Schleier zu verpassen und ihm vermeintlich den Stachel zu nehmen, schränken die geistige Autonomie ein. Besser ist es, sich mit dem Unausweichlichen abzufinden. Meines Erachtens markiert er das unwiderrufliche Ende der eigenen Existenz. Das macht Sinn: Wir müssen Platz machen für neues Leben. Das ist der Zyklus der Natur. Wir Menschen sind ein Teil von ihr und unterliegen ihren Gesetzen. So wie alle Tiere und Pflanzen" (Stamm 2019a).

In diversen Kommentaren in Quora (2021) manifestieren nicht wenige Alltags- oder Durchschnittsmenschen mithilfe von Postings ihre Akzeptanz eines endlichen Lebens, ohne an ein Danach zu glauben. Folgende Vorstellungen „of no afterlife" sollen einen Einblick in das Denken dieser Menschen gewähren, das sehr stark von Evidenz, Fakten und Logik geprägt ist, die sie in den Vorstellungen der Religionen vermissen. In einem Posting soll die Angst vor dem Tod genommen werden, indem man einfach nicht mehr da ist, genauso, wie man vor der Geburt nicht da war.

> „What will become of the mind that is ‚you'? The same thing that happens to the light when you turn it off. It stops being. (Nothing to be afraid of, though – you weren't ‚being' for 13.7 billion years before you were conceived, and it didn't hurt)".

In einem weiteren Posting wird eine Absage an die in der Religion für ein Leben nach dem Tod bestimmende Seele erteilt. Es gibt nur das Gehirn und wenn dieses stirbt, ist man tot und für immer. Kein Weg führt daran vorbei.

> „I don't believe that there is an afterlife because I no longer believe in souls. I believe that my emotions and memories are housed in my brain and that when my brain dies, I will die and no longer exist. I don't believe that I existed before I was born, and so I don't believe that I will exist after I die".

Abschließend noch ein Posting, in welchem zum Ausdruck gebracht werden soll, dass ein Leben nach diesem Leben langweilig zu sein scheint, denn der Mensch hat schon in diesem Leben Schwierigkeiten mit sich selbst und das soll dann nach dem Tod so weitergehen, Daher die Schlussfolgerung: Lieber das Nichts als ein Leben nach dem Tod:

> „I'm sick of me and rather not continue hanging around for eternity. Not that I'm suicidal but when my time comes, I will be ready for nothingness".

Zusammengefasst kann festgehalten werden, dass es nicht wenige Menschen gibt, die im Gegensatz zu der Flucht in die Illusion des Etwas nach der Auferstehung, das unausweichliche Nichts akzeptieren. So ist das Leben. C'est la vie! Vor der Geburt war jeder Mensch ein Nichts, nach dem Tod wird jeder Mensch wieder ein Nichts sein. Dem Menschen ist es vergönnt, wenn es hochkommt, zwischen den Millionen und mehr Jahren, nur maximal hundert, vielleicht einige Jahre mehr zu leben. Das ist sein Schicksal, das von einigen als unabdingbar akzeptiert wird. Es ist die Sache des Menschen die im Verhältnis zur Ewigkeit kurze Zeit zu nutzen, etwas aus seinem Leben zu machen und sich möglicherweise durch ein bestimmtes sinnvolles Schaffen und gute Taten geprägtes Leben, zu verewigen.

Literatur

BEIERLEIN, GERHARD (2019) Kommentar. In: HUGO STAMM. *Der Glaube an ein Leben nach dem Tod sinkt.* Online: https://hpd.de/artikel/glaube-an-leben-nach-dem-tod-sinkt-17342 (abgerufen am 15.2.2022).

BEREZOW, ALEX (2020). Steven Pinker calls Belief in Afterlife a ‚malignant Delusion'. Online: Steven Pinker Calls Belief in Afterlife a ‚Malignant Delusion'. He Is Wrong | American Council on Science and Health (acsh.org) (abgerufen am 17.2.2022).

CANTZEN, ROLF (2021). Den Tod akzeptieren, heißt leben lernen. In: *SWR 2 Wissen* vom 29.Januar 2021.

EPIKUR (2004). *Brief an Menoikeus.* Basel.

FOUCAULT, MICHEL (1986). *Die Sorge um sich.* Frankfurt/Main.

HAWKING, STEPHEN (2011). Interview in the Guardian. Online: Stephen Hawking: ‚There is no heaven; it's a fairy story' | Stephen Hawking | *The Guardian* (18.2.2022).

HAWKING, STEPHEN. In: ULRICH SCHNABEL (2018). Danke, Stephen. In: *Zeit Online* vom 14.3.2018.

HELLERICH, GERT und WHITE, DANIEL (2008). Der Tod: existenzieller Vorlauf und der subjektive Bezug zu ihm. In: *Psychologie und Gesellschaftskritik*, Vol. 32, Nr. 126/127, S. 23–38.

KANT, IMMANUEL (2004). Was ist Aufklärung? In: *Utopia kreativ*, Heft 159, S. 5–10.

KIERKEGAARD, SÖREN (1991). *Der Begriff Angst.* In: Taschenbücher Siebenstern, Band 608. Gütersloh.

LANGER, JACQUE (1996). *Ars moriendi. Die Kunst gut zu leben und gut zu sterben.* Zürich.

MAY, ROLLO (1982). *Antwort auf die Angst.* Stuttgart.

NIETZSCHE, FRIEDRICH (1994). *Werke.* Berlin.

PLATON (1986). *Apologie des Sokrates.* Ditzingen.

Quora (2021). Do you believe in a life after death? Online: https://www.quora.com/Do-you-believe-in-life-after-death-4 (abgerufen am 16.2.2022).

REICH-RANICKI, MARCEL (2012). Näher kann der Tod nicht kommen. Interview in *Focus*, 37, S. 118–121.

Stamm, Hugo (2019). Der Glaube an ein Leben nach dem Tod sinkt. Online: https://hpd.de/artikel/glaube-an-leben-nach-dem-tod-sinkt-1734 (abgerufen am 13.2.2022).

Stamm, Hugo (2019a). Das Leben nach dem Tod bleibt eine Illusion – und das ist gut so. Online: https://www.watson.ch/blogs/sektenblog/478913484-das-leben-nach-dem-tod-bleibt-eine-illusion-und-das-ist-gut-so (abgerufen am 18.2.2020).

14 Das Unbehagen des Ich bei der Reflexion des ewigen Nichts nach dem Tode

Kritik an den Vorstellungen eines aus gesellschaftlichen Strukturen herausgelösten Ich

„Wer bin ich?“ ist eine klassische Frage der Philosophie. In der antiken Philosophie war das Sich-Selbst-Erkennen oder das Sich-Selbst-Erforschen ein zentrales Anliegen der damaligen Philosophen, was sich in der Sorge um sich selbst niedergeschlagen hat (siehe Foucault 1986). Sie waren darauf bedacht, die Wahrheit über sich selbst zu erschließen, ihre Stärken und Schwächen, ihre Begierden und deren Grenzen zu erkennen. Sie machten sich auch Gedanken über das Sterben, den Tod und ein mögliches Leben nach diesem Leben. Die Epikureer postulierten kein Leben nach diesem Leben, während andere Philosophen, wie Platon und Sokrates von einer ewigen Seele ausgingen. Es war die alltägliche praktische Sorge des Selbst, welche die antiken Denker zum Philosophieren anspornte, wie z. B. die Suche nach dem Glück, nach einem tugendhaften Leben, nach Gelassenheit, nach Gesundheit, nach dem Schönen und Gutem im Leben, nach Lebenssinn bis hin zur Sorge um den Tod – ein ganz anderes Philosophieren über das Ich als das in der Neuzeit von Descartes entwickelte Denken des Ich.

Die von den antiken Philosophen ersehnte Wahrheit über sich selbst und die Welt, war zwar auch der Auftakt des modernen Philosophierens, doch das neuzeitliche Denken bewegte sich in eine andere Richtung. Es ist nicht länger das Sich-Sorgen um sich, nicht länger die Motivation, das Leben gut und schön zu gestalten, ja sogar ein „Kunstwerk“ aus sich zu machen, sondern für den Vater der modernen Philosophie, Descartes, wurde das Ich zu einer Art nicht zu verneinenden Letztinstanz der Wahrheitsfindung hochstilisiert, die zur Grundlage der Philosophie werden sollte. Doch nicht durch den Leib, mit dem man, den Epikureern zufolge, praktisch in der Selbstfürsorge agiert, sondern durch den Geist konstituiert sich das unverbundene Ich Descartes'. Er bezeichnet das Ich als „Cogito", das in seiner berühmten These „Cogito, ergo sum" oder „Ich denke, also bin ich" zum Ausdruck gebracht wurde.

> „Das Denken ist nur möglich, wenn man existiert. Selbst wenn ein böser Dämon den Menschen täuschen möchte, so kommen keine Zweifel auf, daß es das Ich ist, das dem Denken und so auch dem Zweifeln zugrunde liegt. Er täusche mich, so viel er kann, niemals wird er jedoch fertigbringen, daß ich nichts bin, solange ich denke, daß ich etwas sei. Und so komme ich, nachdem ich nun alles mehr als genug hin und her erwogen habe, schließlich zu der Feststellung, daß dieser Satz: ‚Ich bin, ich existiere' (lateinisch *ego sum, ego existo*), so oft ich ihn ausspreche oder in Gedanken fasse, notwendig wahr ist" (Descartes 1996, 2. Meditation, S. 45).

Für die antiken Denker war die Existenz des Ich, im Gegensatz zu Descartes, kein Problem, das sie zuerst erforschen mussten, denn es lag ihrer praktischen Sorge oder Selbstfürsorge zugrunde. Jeder Mensch erlebte sein Ich und das nicht nur durch das Denken, wie Descartes behauptete, sondern zumeist mittels des Körpers, der in der Welt tätig ist oder auf die Welt einwirkt, aber auch von ihr bestimmt wird. Jeder Mensch geht tagein tagaus so vielen Tätigkeiten nach, die alle von ihnen verrichtet werden. Es sind Tätigkeiten des Ich, wie ich stehe morgens auf, ich wasche mich, ich esse Frühstück, ich gehe einkaufen, ich arbeite, ich studiere, ich surfe im Internet, ich lasse mich beraten, usw. Es sind zumeist Tätigkeiten, bei welchen eine deutliche Einbindung des Ich in vorstrukturierte soziale, kulturelle und politische Gestelle festzustellen ist, wie die Einfügung des Ich in einen bestimmten Arbeitsbereich in industriellen oder postindustriellen Institutionen, der Besuch beim Arzt, das Einkaufen im Supermarkt, das Aufsuchen gewisser Ämter, usw. Jeder Mensch übt Tätigkeiten aus und erlebt sich selbst ständig als der Träger dieser Aktivitäten, als das Ich, obwohl es in gesellschaftliche Macht- und Ordnungssysteme eingebunden ist. Alle diese Handlungen sind materieller Art, sind auf den Körper bezogen, während Descartes' cogito eine von der materiellen Welt unabhängige Instanz sein soll. Außerdem ist seine Philosophie dualistisch, d. h. er geht von einem

Gegensatz zwischen Körper und Geist aus, was heutzutage in der Philosophie und den Wissenschaften als größtenteils überholt gilt. Die Hirnforscher zeigen den Einfluss des Körpers auf den Geist auf. Der Begriff „Embodiment“ ist eine neue „Denkrichtung in der Wissenschaft. Hirnforscher entdecken, dass das Gehirn in einem lebendigen Organismus stecke und sich der Geist nur von diesem her richtig begreifen lässt“ (Hubert 2008). Neurowissenschaftliche Beobachtungen weisen ebenso darauf hin, wie körperliche Störungen die geistige Verfassung verändern können oder wie geistige Beeinträchtigungen auf körperliche Leiden zurückgeführt werden können (siehe Geist in: Medlexi 2021). Die Materialisten machen darüber hinaus deutlich, wie materielle Bedingungen das Bewusstsein des Menschen bestimmen und dass, wie Marx hervorhebt: „Es ist nicht das Bewusstsein der Menschen, das ihr Sein, sondern umgekehrt ihr gesellschaftliches Sein, das ihr Bewusstsein bestimmt“ (Marx 1969, S. 9). Der Mensch kann nicht aus den gesellschaftlichen Verhältnissen herausgelöst gedacht werden, wie Descartes dies zu Beginn der Neuzeit noch annahm. Foucault diskutiert bei der Aufarbeitung gesellschaftlicher Verhältnisse die diversen Machtsysteme, die auf den Körper einwirken und ihn gefügig machen. Dem Menschen wird durch die Marktmechanismen des Marktes und des Staates eine bestimmte Subjektivität auferlegt und somit ist es undenkbar, dass das Ich als losgelöste Instanz gedacht werden kann oder es sich aus freien Stücken konstituiert (siehe Foucault 1977). Nichtsdestotrotz sind auch gegenwärtig neoliberaler Denker der Auffassung, dass die Menschen ausschließlich ihr Leben selbst bestimmen können und nicht durch soziale und politische Systeme bestimmt werden sollen. Es taucht, wenn man dem Denken Foucaults folgt, die Frage auf, wie sich unter diesen gegenwärtigen Macht- und Wahrheitssystemen ein Selbstbild oder ein Ich entwickelt und welchen Einfluss die Wissenschaften, die Medien, die sozialen, materiellen und institutionellen Bedingungen auf die jeweiligen Vorstellungen der Menschen haben? Wie wirkt sich die religiöse Sozialisation in Familien, Kirchen und Medien auf das Denken und die Gefühlswelt der Kinder und Jugendlichen aus? Auf welche Weise wirken sich die durch Religionen vollzogenen Sozialisationen auf das Bewusstsein des Menschen aus, wenn auf das diesseitige Leben und darüber hinaus auf die Todesvorstellungen sowie auf das Leben danach Bezug genommen wird?

Die religiöse Sozialisation

Dem Begriff Sozialisation liegt der Erkenntnis zugrunde, dass das Ich nicht aus den bestehenden Gegebenheiten, wie Gesellschaft und Kultur, herausgelöst werden kann, da sie einen enormen Einfluss auf das Ich und sein Bewusstsein ausüben. In dieser Denkform ist das zu konzipierende Ich – im Gegensatz zu Descartes – auf keinen Fall ein zu sich selbst kommendes oder ein sich selbst bewusst werdendes Ich, jenseits der vorhandenen politischen, sozialen, religiösen oder wissenschaftlichen Determinanten. So sind z. B. auch Vorstellungen des Lebens, des Todes und des Danach durch das gesellschaftliche Sein, durch religiöse Sozialisation, geprägt. Das Gleiche gilt jedoch auch bei der nicht religiös bestimmten Sozialisation. Die beiden sich voneinander unterscheidende Sozialisationsformen sollen im Folgenden erarbeitet werden. Was ist religiöse Sozialisation? Eine mögliche Definition ist die von Roggenkamp:

> „Religiöse Erziehung orientiert sich an gewachsenen religiösen Praktiken und Vollzügen. Sie vollzieht sich, indem Eltern und Erzieher/innen Heranwachsende in Familie und in primären und sekundären (Bildungs-) Einrichtungen erziehen" (Roggenkamp 2020).

Die primäre religiöse Sozialisation findet also zum größten Teil in der Familie statt, in welcher die Kinder erste Erfahrungen über religiöse Ideen und Begriffe machen können. Dort können sie zum ersten Mal in ihrem Leben die religiösen Botschaften vermittelt bekommen, indem sie, neben den religiösen, ihnen auferlegten Werten, wie sie zu leben haben, die supernatürlichen Begriffe, wie Gott, Himmel und Hölle zu hören bekommen. Die Art und Weise der religiösen Erziehung ist nicht selten absolutistisch, da von einer gesetzten traditionellen Wahrheit ausgegangen wird, die für alle Menschen verbindlich sein soll. Diese Vorstellung überwiegt noch heute, obwohl die Methoden der religiösen Sozialisation zum Teil aufgelockerter wurden. Einige Probleme treten bei den gegenwärtigen Sozialisationen im Umgang mit Kindern dadurch auf, dass das Phänomen der sich insbesondere in katholischen Kirchen manifestierende Kindesmisshandlung sehr abschreckend auf die Eltern wirkten und aufgrund dieses Verrufs sie vorsichtig und zurückhaltende wurden, ihre

Kinder in den kirchlichen Unterricht zu schicken. In der christlichen Religion ist es weniger die protestantische und mehr die katholische Kirche mit ihren vielen sexuellen Missbräuchen, was der Grund sein mag, dass sich Missmut und Unbehagen bei den Eltern aufgestaut hat und dies einer der Gründe sein mag, dass sich zunehmend mehr Leute von der Kirche abwenden. Darüber hinaus berührt die Kirche, die oft nicht modern und offen genug ist, nicht die Lebenswirklichkeit der Menschen und sie fühlen sich entfremdet, was die Menschen zum Kirchenaustritt bewegt. Es gibt zwar einige liberale Theologen und Pädagogen, die Reformen in der Kirche befürworten, doch die Konservativen bleiben weiterhin in die traditionellen religiösen Strukturen eingebunden und sind in der Mehrheit. Konservativ heißt nicht immer, aber sehr häufig auch eine fundamentalistische Glaubensrichtung einzuschlagen, die totalitär oder absolutistisch, wissenschaftsfeindlich, antimodern und intolerant ist. In diesem Kontext können die Kinder nicht frei wählen, sondern ihnen wird etwas auferlegt wie z. B. in der Religion ein bestimmter Gott mit all den sonstigen religiösen Begrifflichkeiten (siehe Bär 2003). Maria Klingenberg kritisiert die drei häufigsten Sozialisationsarten der Religion in der Familie und Kirche. Zum einen die religiöse Sozialisation als ein „straightforward process" – ein gerade ausgehender, direkter Erziehungsprozess. Zum anderen eine Sozialisation, die die Kinder aufgrund der „underlying adult perspective" als Objekte sehen und drittens die Sozialisation, die auf bestimmte Zwecke ausgerichtet ist („in terms of the desired learning outcome") (Klingenberg 2019, S. 163 f.). Wünschenswert wäre, der Autorin zufolge, ein religiöser, auf Interaktion aufbauender Prozess, bei welchem sich die Heranwachsenden selbst einbringen, Fragen stellen und auch Kritik üben können. Es scheint noch ein langer Weg dorthin zu sein. Die protestantische Kirche und die Freikirchen haben zwar weniger Missbrauchsfälle zu verzeichnen, doch die religiöse Sozialisation scheint sich nicht gravierend von der katholischen Kirche zu unterscheiden; in einigen Freikirchen, welche von einer absoluten Wahrheit ausgehen und diese den Kindern eintrichtern wollen, ist das methodische Vorgehen oft noch drastischer als bei den Katholiken. Es bleibt bei der Vermittlung des für sie absoluten Wahren keine Auseinandersetzung mit den Lehren, seien es Themen wie Gott, Himmel, Hölle, Auferstehung oder ewiges Leben, möglich.

Bei diesen von Klingenberg zumeist in den konservativen Einrichtungen vorzufindenden religiösen Sozialisationsprozesse werden den Sozialisierten Vorstellungen oktroyiert, die oft unkritisch verinnerlicht werden und längere Zeit im Bewusstsein der Kinder, manchmal sogar bis ins hohe Alter hinein, wirken können. Hin und wieder kann es jedoch zu kritischen Auseinandersetzungen im späteren Leben kommen, nachdem beim Heranwachsenden eine gewisse Loslösung vom Elternhaus und von der Kirche erfolgt ist. In einer Art der Differenzierung und Weiterentwicklung kann sich bei ihm der Wunsch herausbilden, sein eigenes Selbst zu entwickeln bzw. eigenständig zu denken und zu handeln. In dieser Entwicklungsphase kann auch die Religion hinterfragt und möglicherweise sogar infrage gestellt werden. Ein in eine bestimmte Familie hineingeworfenes Kind, das z. B. in einer strikt religiösen Gegend aufgewachsen ist und regelmäßig zur Kirche, zur Moschee oder zur Synagoge geht, übernimmt oft ohne Vorbehalte die Lehren der jeweiligen religiösen Dogmen. Zu einem bestimmten Zeitpunkt in seiner Entwicklungsphase kann es jedoch durch eigene Reflektionen dazu kommen, dass das religiöse Denken hinterfragt und möglicherweise infrage gestellt, vielleicht sogar als unsinnig betrachtet wird. Dann kann es sein, dass die betreffende Person nicht länger an Gott und nicht mehr an die Auferstehung und das ewige Leben glauben, was für Mitglieder christlicher, jüdischer, islamischer in gleicher Weise gelten kann. Die Lehren der diversen religiösen Lehren eines Himmels oder eines Lebens nach diesem Leben mögen den Menschen zwar eine Zeitlang beruhigen, dem Ich Zuversicht, Trost und Wohlbefinden gewähren, dass der Tod nicht das Ende des Lebens bedeuten muss. Eine Abkehr von dem früheren religiösen Optimismus eines Lebens nach diesem Leben wird zwar oft als ein gewisser Lebensbruch empfunden, da nichts mehr so ist, wie es zuvor war. Dieser Weg des Unbehagens, mithilfe des Verstandes nicht mehr an den religiösen Vorstellungen festhalten zu können und somit ohne Religion als Trostspenderin auskommen zu müssen, quasi mit der Zukunft des Nichts nach dem Tod konfrontiert zu werden, kann sehr schmerzhaft sein.

Nicht-religiöse Sozialisation

Ganz anders sieht es in Familien aus, bei denen die Religion keine Rolle in ihrem Leben spielt. In diesen familialen Strukturen wird kein Gottesbild vermittelt. Für diese atheistisch ausgerichteten Menschen ergibt Religion keinen Sinn, weil sie diese als Mythologie betrachten und sie in einen Gegensatz zu dem von der Wissenschaft geprägten Weltbild gerät. Diesem wissenschaftlichen Weltbild zufolge widerspricht die Lehre von dem ewigen Leben nach dem Tod den naturwissenschaftlichen Gesetzmäßigkeiten und jedweder Logik. Sie können solche als Mythen bezeichnete Vorstellungen einfach nicht akzeptieren, nehmen jedoch in Kauf, dass es ihnen Sorge bereitet und bei ihnen ein Gefühl des Unbehagens aufkommt, mit dem Nichts nach dem Tode konfrontiert zu werden., denn ein solches Denken würde die ewige Auflösung des Ich bedeuten, was bei ihnen Unwohlsein auslösen kann. Diese Vorstellung vom ewigen Nichts ist niederdrückend und nicht wenige Menschen verzweifeln daran, nie wieder zu existieren. Die wissenschaftlich und logisch geprägten Menschen kritisieren das nach heutiger Erkenntnis dualistische Denken von Geist/Seele und Körper in den Religionen. Ein von dem Körper losgelöste Seele, die nach dem Verfall des Körpers weiter existieren soll, ist für viele kritische Menschen, zunehmend auch Christen, Juden oder Muslime undenkbar, denn, ihren Konzeptionen zufolge, muss der Mensch als verkörpertes Wesen gesehen werden. Albert Wehen schreibt diesbezüglich in seiner kritischen Stellungnahme zum Dualismus:

> „Wer bin ich also? Nach dem heutigen Stand des Wissens lautet die Antwort: Ich bin ein Mensch (als biologisches Wesen), der ein Ich-Gefühl und ein begriffliches Selbstbild entwickelt. Dieses Ich-Gefühl entsteht aus der Erfahrung heraus, dass ich einen eigenen Körper habe, die Welt aus einer eigenen Perspektive sehe und der Urheber des eigenen Handelns bin. Das begriffliche Selbstbild entwickelt sich erst in Verbindung mit der Fähigkeit, die eigenen Überzeugungen, Wünsche, Hoffnungen und so weiter von denen anderer Personen abzugrenzen" (Nehmen 2011).

Zweifelsohne impliziert diese Aussage nicht, dass das Ich in der Lage ist, ein Selbstbild zu entwickeln, wenn es aus bestimmten gesellschaftlichen Bedingungen herausgelöst ist, denn das biologische Ich kann nur innerhalb bestehender Machtsysteme seine eigenen Fähigkeiten, Wünsche und Überzeugungen realisieren, sondern es soll vielmehr zeigen, wie der Mensch nicht als eine vom Körper getrennte Seele, die nach dem Tod überleben würde, wahrgenommen werden kann. Diese religiöse Kehrtwende impliziert jedoch, ein Nichts für ein Etwas zu setzen, ein ewiges Leben für ein ewiges Nichts zu setzen, was bei einigen Leuten großes Unbehagen hervorrufen kann.

Der Selbsterhaltungstrieb des Ich

Das Ich demonstriert auf der biologischen Grundlage in sehr ausgeprägter Weise den Selbsterhaltungstrieb oder das Selbsterhaltungsstreben des Individuums, denn es will leben inmitten anderer Lebewesen, die auch leben wollen. Es ist der Wille zum Leben als „ein unermüdliches Triebwerk“, als das „Allerrealste“, als „der Kern der Realität selbst“ (siehe Schopenhauer 1997, Band IV, S. 409–419). Mit dem Drang nach Leben, also der Lebensbejahung, ist auch die unglaubliche Angst eines sich in Lebensgefahr befindenden Menschen zu verstehen. Der Wille zum Leben manifestiert sich nicht nur bei jüngeren und gesunden Individuen, sondern auch bei den älteren und gebrechlichen Menschen. Sie alle kämpfen um das Überleben. Das vitale Selbst findet sich von Natur aus nicht mit dem eigenen Tod ab, weil das Individuum auf Selbsterhaltung programmiert ist (siehe Wetz 2019). Der Wille zur Selbsterhaltung soll den Menschen im Hier und Jetzt davor bewahren, in Gefahr zu geraten, sich zu verletzen oder gar getötet zu werden. Er ist stets auf den eigenen Fortbestand ausgerichtet, sodass der Tod als eine Form der Zerstörung des Ich zum einen der Selbsterhaltung widerspricht und zum anderen ist das endlose Nichts des Todes und des Danach nicht vereinbar mit den Vorstellungen des Ich, das leben will, das immerzu ein Bewusstsein von sich und seiner Welt, von Wahrnehmungen und Gefühle haben will, das einfach weiterleben will. Das ewige Nichts ist ein Trauma für den Menschen, der sich selbst erhalten will. Im englischsprechenden Raum ist der Begriff „eternal oblivion“ geprägt worden, der zum Ausdruck bringen soll, dass mit dem Tod nichts mehr vom Selbst übrigbleibt. Der Mensch hört schlicht und einfach auf zu existieren. Alexandria Vasquez definiert „eternal oblivion", also die ewige Vernichtung des Ich, wie folgt:

> „Eternal oblivion eradicates the competing notions of life after death and reincarnation. There's also no possibility of lingering spirit energy or our souls passing into another dimension with eternal oblivion. Eternal oblivion means there's nothing more to life after we die. Our bodies simply die and cease to exist" (Vasquez 2021).

Ein selbstbewusstes Ich kann sich mit „eternal oblivion" nicht zufriedengeben geben. Es empfindet Unbehagen und Unwohlsein, weil es weiterleben will.

Das Ich als Selbstbewusstsein

Die Betrachtung des Ich wird gegenwärtig sehr häufig in der Form des Selbstbewusstseins diskutiert. Im Online-Lexikon für Psychologie und Pädagogik wird Selbstbewusstsein wie folgt definiert:

> „Selbstbewusstsein ist im Wesentlichen das Erlebnis der Eigenheit und Einheit der eigenen Person, das Bewusstsein des eigenen Daseins im Gegensatz zur Außenwelt, zur Welt der Erkenntnis- und Erfahrungsobjekte. In der Psychologie wird der Begriff Selbstbewusstsein vor allem als Selbstwertgefühl verstanden, d. h., als Bewusstsein von Bedeutung und Wert der eigenen Persönlichkeit, wobei vordringlich eine emotionale Einschätzung des eigenen Wertes impliziert wird" (Stangl, 2021).

Dieses Selbstbewusstsein ist die Basis für die Sorge des Menschen um sich selbst, das Sich-um-sich-Kümmern und die Wahrheit über sich selbst zu entdecken (siehe Foucault 2009, S. 16). Sich selbst zu erforschen, impliziert nicht nur sich selbst zu erkennen und Macht über sich selbst zu gewinnen, indem Widerstand gegen jegliche fremde Macht ausgeübt wird, sondern sich auch auf die Suche nach dem Sinn im Leben im Hier und Jetzt zu machen und sich darüber hinaus damit zu beschäftigen, ob es ein Leben über dieses Leben hinaus geben kann, denn manch ein Mensch, der sich seines Ich bewusstwird, will nicht für immer verschwinden, weil er am Leben hängt und er es liebgewonnen hat. Es wäre undenkbar für diese Art von Selbst, nach dem Tod nie wieder existieren zu können, insbesondere dann, wenn sich beim Menschen der Wille zum Leben ausgeprägt hat, das Leben für ihn als etwas Kostbares gewürdigt wird und er sich weiterhin des Lebens erfreuen will. Es wäre schwer erträglich, wenn sich das Ich nach dem Tod in Nichts auflösen würde. Schon der Gedanke daran, verursacht bei diesem selbstbewussten Menschen Unbehagen, ein Gefühl der Unruhe, der Unsicherheit und der Ängstlichkeit. An die Auferstehung und das in Religionen verheißene ewige Leben zu glauben, würde ihm vielleicht helfen, seine Beklommenheit zu überwinden. Doch sein Verstand lässt dies, in Übereinstimmung mit vielen kritischen Geistern, nicht zu. Aber er ist auch nicht so wissenschaftsgläubig anzunehmen, dass die Wissenschaften eines Tages einen toten Körper auferwecken können. Doch manch ein Mensch bleibt offen für irgendwelche Möglichkeiten und gibt die Hoffnung nicht auf, dass doch noch ein Leben nach dem Tode irgendwie möglich sein könnte. Das Wie und Wodurch ist ihm unklar, doch wie Nietzsche, hält er die Hoffnung wach, dass das Leben, das auf immer mehr Leben ausgerichtet ist, irgendwie wiederkehren wird. Nietzsche schreibt:

> „Und zu einem Sterbenden würde ich sprechen: ‚Siehe, du stirbst und vergehst jetzt und verschwindest: und da ist nichts, das von dir als ein Du übrig bliebe, denn die Seelen sind so sterblich wie die Leiber. Aber dieselbe Gewalt von Ursachen, welche dich dies Mal schuf, wird wiederkehren und wird dich wiederschaffen müssen: du selber, Stäubchen vom Staube, gehörst zu Ursachen, an denen die Wiederkehr aller Dinge hängt'" (Nietzsche 1994, KSA 11, S. 10).

Der Mensch, der sich selbst erhalten will, hat den Wunsch, ewig zu leben, doch da er das das durch Religion vermittelte ewige Leben ablehnt, hofft er vielleicht auf etwas anderes, das ihm bislang unbekannt ist, dass jedoch seinen Selbsterhaltungstrieb befriedigen kann. Nietzsche statiert:

„Ahnungen der Zukunft! Die Zukunft feiern, nicht die Vergangenheit! Den Mythos der Zukunft dichten! In der Hoffnung leben!“ (Nietzsche 1994, KSA 10, S. 602).

Literatur

Bär, Ulrike (2003). *Risiken für die Selbstbildung durch Erziehung und Sozialisation in fundamentalistisch religiösen Gemeinschaften.* Göppingen.

Descartes, René (1996). *Philosophische Schriften in einem Band.* Hamburg.

Foucault, Michel (2009). *Hermeneutik des Selbst.* Frankfurt am Main.

Foucault, Michel(1986). *Die Sorge um sich.* Frankfurt am Main.

Foucault, Michel (1977). *Sexualität und Wahrheit, Band I, Der Wille zum Wissen.* Frankfurt am Main.

Hubert, Martin (2008). Körper im Kopf. In: *Deutschlandfunk* vom 20.1.2008.

Klingenberg, Maria (2019). Theorizing religious Socialization: a critical Assessment. In: *Religion*, Vol. 49, Issue 2.

Nehmen, Albert (2011). Wer bin ich? Online: https://www.spektrum.de/news/wer-bin-ich/1063967 (abgerufen am 18.2.2022).

Marx, Karl (1969). Kritik der politischen Ökonomie. In: *MEW, Band 13.* Berlin.

Medlexi (2021). Geist. Online: https://medlexi.de/geist (abgerufen am 17.2.2022).

Nietzsche, Friedrich (1994). *Werke.* Berlin.

Roggenburg, Anje (2020). Religiöse Erziehung. In: *Socialnet-Lexikon.* Online: https://www.socialnet.de/lexikon/Religioese-Erziehung (abgerufen am 20.2.2022).

Schopenhauer, Arthur (1977). *Werke in 10 Bänden, Band IV.* Zürich.

Stangl, W. (2021). Stichwort: ‚Selbstbewusstsein‘. *Online Lexikon für Psychologie und Pädagogik.* Online: https://lexikon.stangl.eu/17822/selbstbewusstsein (abgerufen am 20.12.2021).

Vasquez, Alexandria (2021). Everything you need to know about eternal oblivion. Online: https://www.joincake.com/blog/eternal-oblivion/ (abgerufen am 19.2.2020).

Wetz, Franz Josef (2019). *Tot ohne Gott.* Aschaffenburg.

15 Weiterleben der Verstorbenen im Gedächtnis ihrer Mitmenschen

Gegen die Vergessenheit der Verstorbenen

Der Mensch stirbt und verwest. Sein Leben ist vorbei, doch er kann in einem übertragenen Sinn in der Erinnerung der Mitmenschen weiterleben und das wünschen sich auch die meisten Menschen. Im Gedächtnis ihrer Angehörigen weiterzuleben, heißt, dass sie die Toten in ihrem Herzen bewahren und dass mithilfe der Erinnerung an die Verstorbenen ihnen durch die Mitmenschen ein zweites Leben nach dem Tod gewährt wird. Dieses Nicht-Vergessen-Werden ist ein indirekter Selbsterhaltungstrieb, d. h. da man sich selbst aufgrund des Todes nicht mehr biologisch am Leben erhalten kann, will man wenigstens noch im Gedächtnis der Nachkommen weiterleben. Norbert Diedrich begründet diesen Wusch ebenso durch unsere, auf das Leben ausgerichtete Biologie.

> „Doch tatsächlich liegt der Wunsch des Menschen, etwas von sich an die Nachwelt weiterzugeben in unseren Genen. Wir wollen uns fortpflanzen, wir haben den instinktiven Wunsch weiter zu existieren. Letztlich sichert es das Überleben unserer Art“ (Diedrich 2017).

Immer wieder wird von verschiedenen Seiten dazu aufgefordert, die Erinnerungen an die Verstorbenen nicht verschwinden zu lassen. und an sie zu denken. So ruft z. B. der Freiburger Erzbischof Robert Zollitsch dazu auf, die Toten nicht in Vergessenheit geraten zu lassen: „Wie wir mit dem Andenken an die Verstorbenen umgehen, sagt viel aus über die Bedeutung, die dem Menschen in einer Gesellschaft beigemessen wird“ (Zollitsch 2011). Er plädiert dafür, das Andenken an die Verstorbenen zu bewahren. Albert Schweitzer statiert: „Das schönste Denkmal, das ein Mensch bekommen kann, steht in den Herzen der Mitmenschen“ (Schweitzer In: Medienwerkstatt Mühlsacker 2008). Der Verstorbene hinterlässt auch beim Abschiednehmen das Wichtigste im Leben, nämlich „die Spuren von Liebe" (ebenda). Es wird nicht selten auch von leuchtenden Spuren der Verstorbenen gesprochen. In den Erinnerungen durchleben die Hinterbliebenen nochmals die schöne Vergangenheit des Zusammenseins. Nach einem Trauerspruch sind Erinnerungen wie leuchtende Sterne: „Erinnerungen sind wie Sterne in der Nacht. Sie funkeln hell in unserem Herzen. Der Tod kann uns von den Menschen trennen, der zu uns gehörte, aber er kann uns nicht das nehmen, was uns mit ihm verbindet" (Bestattungsvergleich k. D.). „Der Mensch wird nicht sterben, solange ein anderer sein Bild im Herzen trägt" (Beispieltexte Sinnessprüche k. D., S. 35). Ähnlich denkt auch Immanuel Kant: „Wer im Gedächtnis seiner Lieben lebt, ist nicht tot. Er ist nur fern. Tot ist nur, wer vergessen wird" (Kant In: Medienwerkstatt Mühlsacker 2008). Leider trifft man sehr häufig auf solche Sachverhalte in unserer schnelllebigen Zeit, dass der Verstorbene nicht länger in den Herzen der Hinterbliebenen weiterlebt, die dazu beitragen, dass die Erinnerungskultur verblasst. Nach dem Widerstandskämpfer des Dritten Reiches, Bonhoeffer, verwandelt die Dankbarkeit an den Verstorbenen „die Erinnerung in eine stille Freude Man trägt das Vergangene Schöne nicht wie einen Stachel, sondern wie ein kostbares Geschenk in sich" (Dietrich Bonhoeffer In: Beispieltexte Sinnessprüche, S. 51) Nach diesen Überlegungen wäre der Mensch „erst wirklich tot, wenn niemand mehr an ihn denkt" (Berthold Brecht in: Beispieltexte Sinnessprüche, S. 50). Zweifelsohne kann davon ausgegangen werden, dass der Ehepartner die Ehepartnerin, Söhne und Töchter, der Freund und die Freundin die Bilder der Verstorbenen im Herzen tragen. Eine Frau, die ihren liebevollen Freund verloren hat, schreibt:

> „Ich habe das Gefühl, dass die Erinnerungen gar nicht verblassen können. Zumindest die wichtigen nicht. Immer wenn der Schmerz mal wieder mit voller Wucht zurückkommt, sind auch die Bilder und Eindrücke wieder da. Das tut zwar weh, ist aber auch beruhigend. Ich weiß, dass das Wissen tief in mit sitzt und nicht verschwindet. Im Alltag ist es gut verstaut, aber wenn ich die damit verbundene Trauer zulasse, sind auch die Erinnerungen wieder da" (Nicolaidis Youngwings Stiftung 2019).

Was passiert aber in fünfzig und mehr Jahren, wenn die Nachfahren nicht länger existieren? Es scheint, dass diese Art der Erinnerungskultur, vielleicht von Ausnahmen abgesehen, nicht sehr langlebig sein kann. Alles ebbt nach einiger Zeit ab und der Mensch scheint in Vergessenheit zu geraten. Sandra Guy ist der Meinung, dass ein Mensch über längere Zeit im Gedächtnis seiner Mitmenschen verankert bleibt, wenn er während seines Lebens ein außergewöhnlich guter Mensch war:

> „Make a positive impact on the world while you're alive. Volunteer directly with helping people at their lowest or most vulnerable – be a part of changing their lives for the better. Being remembered isn't a big deal but putting your spirit or energy out there when you do good in the world, those ripple effects continue forever. Think bigger than personal ego thinks on the scale of millennia and the universe – love and kindness is what we need to leave behind."

Sich für das Gute in der Welt einzusetzen und es im Hier und Jetzt verwirklichen zu wollen, war z. B. das Verdienst des Urwaldarztes Albert Schweitzer, der ein Krankenhaus in Afrika gründete, um den Menschen dort zu helfen. Daran erinnern sich die Menschen noch lange nach seinem Tod und an sein Motto „Ehrfurcht vor dem Leben". Was die Menschen an Gutem in die Welt bringen, geht niemals verloren (siehe Schweitzer 2020). Ähnliches gilt für Mutter Teresa, die als Missionarin der Nächstenliebe in Kalkutta, Indien. tätig war und Dienste für die Armen dort verrichtete (siehe Maasburg 2010). Albert Schweitzer und Mutter Teresa haben große Taten vollbracht und werden über lange Zeit in der Erinnerung bleiben. Es müssen jedoch nicht die großen Schweitzers oder Teresas sein, um in der Erinnerung der Mitmenschen festgehalten zu werden; auch im Kleinen kann jeder Mensch etwas tun, indem er das Leben anderer verbessert und auf diese Weise positiv auf die Welt einwirkt, was ihn nicht in Vergessenheit geraten lässt. Z. B. kann er sich unentgeltlich in der Freiwilligenarbeit engagieren, er kann Obdachlosen helfen, er kann sich im Tierheim engagieren, Tiere schützen und retten, er kann empfehlenswerte Taten für die Umwelt verrichten, wie Bäume pflanzen, sich, wie die „Friday for Future" Bewegung für ökologische Transformationen einsetzen, er kann nachhaltig leben, usw. In dieser Weise kann er dazu beitragen, dass die Welt im Kleinen zu einem besseren Ort wird und er in Erinnerung bleibt. Nach Goethe soll der Mensch immer edel, hilfreich und gut sein und mit solch einer Gemüts- und Geisteshaltung wird der Verstorbene keineswegs in Vergessenheit geraten.

Renate Cochrane setzt sich mit der Erinnerungskultur in anderen Ländern auseinander und berichtet darüber, wie diese z. B. in Afrika über Generationen hinweg gewahrt bleibt:

> „In der Afrikanischen Glaubenswelt bricht diese Beziehung auch nach dem Tod nicht ab, vor allem nicht die Beziehung innerhalb einer Großfamilie. Stirbt der Vater einer Großfamilie, dann wird er als Geistwesen weiterleben und als Patriarch weiterhin eine entscheidende Rolle im Leben seiner Nachkommen spielen. Auch die Mutter wird weiter leben nach ihrem körperlichen Tod, aber der Vater hat die oberste Autorität. Der Vater als Geistwesen wird darauf achten, dass die Söhne und ihre Familien vor allem die gesellschaftlichen Traditionen einhalten. Die wichtigste Tradition ist das regelmäßige Erinnerungsfest, in der die Vorfahren geehrt werden. Solche Feste sind gemeinschaftsstiftende Feste" (Cochrane 2013).

Das dort vorherrschende patriarchale Element mag einige Menschen stören, doch das Beispiel soll zeigen, wie eine Erinnerungskultur in Familien aufrechterhalten werden kann.

In buddhistischen Ländern, wie z. B. Japan wird den Toten im Alltag ziemlich viel Aufmerksamkeit und Verehrung geschenkt. Diese werden ihnen an mindestens zwei Orten zuteil.

> „Üblicherweise natürlich am Friedhof, darüber hinaus aber auch am buddhistischen Hausaltar (*butsudan*). Auf dem Hausaltar sind die in den letzten Jahren oder Jahrzehnten verstorbenen Verwandten durch sogenannte *ihai* präsent. *Ihai* sind schwarzlackierte aufrechtstehende Holztäfelchen, auf denen (zumeist in Gold) ein posthumer Name (*kaimyō*) aufgeschrieben steht. Dieser Name wird dem Verstorbenen

> nach seinem Tod in einer buddhistischen Zeremonie verliehen" (Scheid 2020).

Der buddhistische Hausaltar ist eine Ahnenpflege und zugleich ein Stück Erinnerungskultur.

Weiterleben der Verstorbenen mithilfe ihrer Leistungen

Simone de Beauvoir (2004) schreibt in ihrem Buch *Alle Menschen sind sterblich*, wie Menschen versuchen nicht vergessen zu werden und ewige Spuren in der Welt hinterlassen wollen, Sie wollen wertvoll und bedeutend in der Geschichte sein und fragen sich, wie das erreicht werden kann. Eine langlebigere, vielleicht ewige Erinnerung an die Verstorbenen kann möglicherweise dadurch erreicht werden, dass sie durch bestimmte Leistungen bekannt werden und ihnen dadurch ein gewisser Wert zugeschrieben wird. Auf diese Weise geraten sie nicht in Vergessenheit und ihre Person kann noch nach Jahrhunderten und sogar Jahrtausenden posthuman gewürdigt werden und es besteht kein Zweifel über ihre Fortexistenz in den Köpfen und Seelen in den folgenden tausenden von Jahren. Es kann somit ohne weiteres von einer ewigen Erinnerungskultur gesprochen werden. Man denke an Platon und Aristoteles, die sich Erkenntnisse über das Wesen des Menschen und der Welt aneigneten oder an den berühmten Künstler Michelangelo, der für die Kuppel des Petersdomes und die Sixtinische Kapelle Ruhm erlangte, an Leonardo da Vinci für seine Mona Lisa, an van Gogh für seine faszinierenden Landschaften, an Beethoven für seine Komposition klassischer Werke, an Goethe und Schiller wie auch Shakespeare in der Literatur für ihre einmaligen Werke, um nur einige zu nennen. Die von ihnen vollbrachten Leistungen wurden zumeist schon zu Lebzeiten honoriert, sie werden heute gewürdigt und sie werden zweifelsohne auch in Zukunft Anerkennung finden. D. h. sie werden nicht in Vergessenheit geraten. Es stellt sich jedoch die Frage, ob auch normal Sterbliche, die nicht den Ruhm der großen Meister genießen, in langlebiger Erinnerung bleiben können – vielleicht durch Werken, Basteln, Malen, Fotografieren, Schreiben und Dichten. Möglicherweise könnten sie z. B. ihre Fotografien, ihre gemalten Bilder oder ihre Gedichte, ihre Tagebücher ins Internet stellen. Es ist denkbar, dass Menschen nicht nur im Hier und Jetzt die Kreationen schätzen und würdigen, sondern möglicherweise über unzählige Jahre hinaus. Diese schöpferischen Werke könnten den Sterblichen verewigen. Vielleicht hat der Sterbliche etwas bislang Ungedachtes hervorgebracht, das spätere Generationen zum Nachdenken bewegen können. Hervorbringen ist stets ein schöpferischer Prozess von der „Verborgenheit" in die „Unverborgenheit" oder von „Nichtanwesendem" zu „Anwesendem" (Heidegger 1988). Wer weiß, ob der Prozess des Entbergens nicht etwas Einmaliges ist, das für die kommenden Generationen einen hohen Stellenwert haben könnte. Man sollte die normal Sterblichen nie unterschätzen. Nico ist ein gutes Beispiel, wie ein Sechszehnjähriger, der einen Gehirntumor hat, durch eine bestimmte Leistung nicht der Vergessenheit anheimfallen wollte und aus diesem Grunde ein Buch über den Tod und das, was danach kommen könnte, verfasst hat. Nico hat „seine eigene Sichtweise aufgeschrieben – aber auch Freunde, Bekannte und viele Mitarbeitende von Löwenherz [einer medizinischen Einrichtung] gebeten, ihre Gedanken über ihn und seine Situation zu Papier zu bringen. *‚Nico hat sich gewünscht, dass er auch nach seinem Tod eine gewisse Öffentlichkeit hat*'" (Kattner 2021), d. h. es geht ihm darum, nach seinem Tod nicht in Vergessenheit zu geraten.

Aufgrund der digitalen Technologie ist es heutzutage möglich, Leistungen oder Werke digital zu hinterlassen. Den digitalen Nachlass ist für Norbert Diedrich im Gegensatz zu früher möglich und sollte genutzt werden:

> „Die Angst vor dem Tod, der Wunsch zu leben ist so alt wie die Menschheit. Es liegt nahe, dass es sich mit der Angst vor dem Vergessen-Werden ähnlich verhält. Das gilt auch für den Wunsch, das Schaffen und die Ideen eines anderen Menschen für die Nachwelt erhalten zu wollen. Nichts daran ist neu. Neu sind technische Dimensionen wie Datenmengen und das, was man daraus im Namen des Verstorbenen generieren kann" (Diedrich 2017).

Nach Nina Jacoby werden heutzutage die Erinnerungsgegenstände nicht mehr in eine Kiste gepackt. Das ist heute anders, „weil die digitalen Hinterlassenschaften, beispielsweise auf Facebook oder WhatsApp, so präsent sind. Die Verstorbenen zu vergessen, wird dadurch schwieriger" (Jacoby 2017). In dieser Sichtweise kann von einer „möglichen digitalen Unsterblichkeit" (ebenda) gesprochen werden.

Literatur

Bestattungen-Schlossmacher (k. D.). Beispieltexte Sinnestexte. Online: https://www.bestattungen-schlossmacher.de/download-file?file_id=792&file_code=5b4b-1ff93d (abgerufen am 27.2.2022).

Bestattungsvergleich.de (k. D.). Trauersprüche-Online: https://www.bestattungs-vergleich.de/ratgeber/trauer/trauersprüche/ (abgerufen am 11.8.2022).

Cochrane, Renate (2013). Der Mensch ist erst tot, wenn er vergessen wird. Online: https://www.ev-akademie-boll.de/fileadmin/res/otg/doku/530113-cochrane_01.pdf (abgerufen am 28.2.2022).

De Beauvoir, Simone (2004). *Alle Menschen sind sterblich.* Reinbek.

Diedrich, Norbert (2017). Die Angst vor dem Vergessenwerden. Online: https://vorsorgeweitblick.lv1871.de/2017/11/die-angst-vergessen-zu-werden/ (abgerufen am 25.2.2022).

Guy, Sandra in Quora (k. D.). How can I accept that I will be forgotten after I die? Online: https://www.quora.com/how-can-I-accept-that-Iwill-be-forgotten-after-I-die (abgerufen am 28.2.2022).

Heidegger, Martin (1988). *Die Technik und die Kehre.* Tübingen.

Jacoby, Nina im Gespräch mit Ana Matijasecic (2017). „Der Ort der Trauer hat sich ins Internet verlagert". In: *Radio SRF 2. Kultur* vom 14.6.2017.

Kattner, Lurs (2021). Erinnern: „Ich möchte, dass ihr euch mit einem Lächeln an mich erinnert". In: *Pflegen Palliativ*, Nr. 50.

Maasburg, Leo (2010). *Mutter Theresa. Die wunderbaren Geschichten.* München.

Medienwerkstatt Mühlsacker (2008): Zitate über Sterben und Vergänglichkeit. Online: https://www.medienwerkstatt-online.de/lws_wissen/vorlagen/showcard.php?id=18922&edit=0) (abgerufen am 26.2.2022).

Nicolaidis Youngwing Stiftung (2019). Fragerunde: Ich habe große Angst, dass die Erinnerungen verblassen. Wie geht es euch heute damit. Online: https://www.

nicolaidis-youngwings.de/stiftungsleben/stiftungsblog/20-stiftungspost/270-fragerunde (abgerufen am 27.2.2022).

Scheid, Bernhard (2020). Ahnenkult und Sorge für die Toten. Online: https://www.univie.ac.at/rel_jap/an/Alltag/Ahnenkulthttps://www.univie.ac.at/rel_jap/an/Alltag/Ahnenkult (abgerufen am 10.3.2022).

Schweitzer, Albert (2020). *Die Ehrfurcht vor dem Leben*. München.

Zollitsch Robert. In: Baden Württemberg (2011). Zollitsch ruft zum Erinnern an die Toten auf. Online: https://www.baden-wuerttemberg.de/de/service/alle-meldungen/meldung/pid/zollitsch-ruft-zum-erinnern-an-die-toten-auf (abgerufen am 24.2.2022).

16 Offensein für das Unbekannte und Geheimnisvolle nach dem Tod

Das nicht durchschaubare Geheimnis

Während die diversen Religionen vorgeben, im Besitz der absolute Wahrheit zu sein und vermeintlich genau voraussagen können, was nach dem Tode sein wird und viele Anhänger für diese Lehren rekrutieren, gibt es nicht wenige Menschen, die zwar kritisch den Religionen gegenüber sind und die Auferstehung und das ewige Leben der Religionsstifter (siehe Kapitel 8–11). ablehnen, aber nichtsdestotrotz dem postulierten ewige Nichts (siehe Kapitel 8) nach dem Tod mit Unbehagen entgegensehen. Sie kritisieren eine Vielzahl von Menschen, die vorgeben zu wissen, was sie nach dem Tod erwartet – entweder Auferstehung und ewiges Leben oder ewiges Nichts. In dieser Denkweise gibt es nichts Unbekanntes und Geheimnisvolles mehr. Durch das religiöse Denken, aber auch durch das wissenschaftliche und technologische Denken verschwindet das Unbekannte und Geheimnisvolle allmählich (siehe Safranski 1994). Schon Max Weber hat bereits vor mehr als hundert Jahren in seinem Buch *Wissenschaft als Beruf* (erschienen 1919) vor dem wissenschaftlichen Glauben an die technischen Mittel gewarnt, mithilfe derer man alle Dinge der Welt berechnen und beherrschen will. Er bezeichnete diese Entwicklung als „Entzauberung der Welt" (Weber 1995). Nach Heidegger herrscht in der von der Technologie dominierten Welt das rechnende Denken und die Offenheit unseres Daseins droht vom technischen Gestell vereinnahmt zu werden (siehe Heidegger 1978) und mit der Technisierung der Welt geht die „Offenheit für das Geheimnis" verloren, aber nicht nur in den alltäglichen Dingen der Welt, wie Arbeit und Reproduktion, sondern darüber hinaus verlieren die durch das technisch rechnende Denken bestimmten Menschen „die Offenheit für das Geheimnis schlechthin" (Heidegger 1960, S. 26), insbesondere auch die spirituelle und transzendente Offenheit. Das Geheimnis ist, Heidegger zufolge, „das Unbekannte, das Verborgene" (ebenda), während die Naturwissenschaften und die Technik alles Unverborgene entbergen wollen. Alles soll erforscht und bestimmbar gemacht werden. Nichts soll mehr unbekannt bleiben – also eine völlige Entzauberung der Welt soll mithilfe des erforschenden und berechnenden Denkens hervorgebracht werden, in welcher die Geheimnisse der Welt und des Lebens allmählich schwinden. Im Online-Duden (2022) wird das Geheimnis oder Mysterium als ein „geheimnisvolles, mit dem Verstand nicht ergründbares Geschehen" definiert – also etwas Unerklärbares, Unergründliches, nicht Erforschbares, nicht Aussagbares oder ein geheimnisvolles Dunkel. Modehn zufolge lösen Naturwissenschaftler in ihrer Forschung „nicht Geheimnisse, sondern Rätsel. Aber dann entstehen neue Rätsel. Rätselhaftes ist nichts Geheimnisvolles. Diese Unterscheidung ist für mich grundlegend. Geheimnisse entziehen sich dem verfügenden Durchblick, der alles umgreifenden Definition. Geheimnis ist etwas, das nie total durchschaut werden kann" (Modehn 2019). Nach Deepak Chopra ist unsere Existenz als solche ein durch den Verstand nicht fassbares Wunder und der Tod sowie das Leben nach dem Tod das letzte und größte Mysterium, welches wir nie begreifen können, weil es sich unserem Verstand entzieht (Chopra 2008).

Zwei Denker, Levinas und Derrida, haben eine Philosophie des Geheimnisses entwickelt, die in Verbindung mit ihrer jüdischen Tradition zu sehen ist. Derrida hat sich auf seine historische Marranenschaft bezogen und erkennt in ihr etwas Geheimnisvolles:

> „Mich interessiert sehr stark eine Politik des Geheimnisses, die sich der Politik, der Politisierung und der Transparenz entzieht. Ist das Geheimnis bedroht, dann droht der Totalitarismus. Der Totalitarismus ist das zerstörte Geheimnis: Du mußt beichten, Du mußt gestehen, Du mußt aussagen! Die im Geheimen verbreitete Lehre des Marranen besagt, daß das Geheimnis gewahrt werden muß. Die Frage nach dem Geheimnis, nach dem absoluten Geheimnis, hat mich seit dem Nachsinnen über meine jüdisch-spanische Abstammung verfolgt" (Derrida in: Deutschlandfunk vom 4.12.2014).

Nach Eva Maria Aigner machen Derridas Texte sichtbar, „in welcher Weise sich durch Derridas Schrift eine Dekonstruktion des Begriffs des Geheimnisses als ‚vorläufig Verborgenes', aber auch des ‚unergründlichen' Geheimnisses der negativen Theologie vollzieht. Derrida denkt das Geheimnis als produktive Kraft oder Passion, die den Prozess des Denkens und des Schreibens in Bewegung setzt" (Aigner 2017, siehe Zusammenfassung). Levinas fragt sich, ob das Hineinlegen des Unendlichen ins Endliche nicht das menschliche Bewusstsein sprengt, denn das Denken lässt sich dann auf eine Bewegung ein, in der sie das Anfangslose und Endlose nicht mehr begreifen kann und das Ganze ihm ein Geheimnis bleibt. So ist Gott, vorausgesetzt man glaubt an ihn, genauso unbegreiflich wie der Tod oder das Danach. So kann der Tod z. B. auf ein Nichts reduziert werden und ein ontologisches Dilemma von Leben und Tod bzw. von Sein und Nichts postuliert werden, doch der Tod bleibt ein Geheimnis trotz wissenschaftlicher Erklärungsformen. Er, wie auch das Leben nach dem Tod, sind die Unbekannten, die Fragezeichen für uns endliche Menschen. Sie bleiben ein offenes Geheimnis und lassen in dieser Sichtweise viele Sinnmöglichkeiten zu.

Das Unbegreifliche in der negativen Theologie

Wie bereits in der obigen Diskussion im Hinblick auf Derridas Konzeption des Geheimnisses erwähnt, ist das Geheimnis auch zu einem Diskurs der Theologie geworden. In der negativen Theologie scheint das Geheimnis über das unendliche Wesen Gottes und somit auch das Geheimnis eines ewigen Lebens ein substanzieller Teil ihres Diskurses geworden zu sein.

> „Negative Theologie soll positive Aussagen nicht einfach ersetzen, sie ist aber auch kein theologisches Spezialthema neben anderen Themen. Als Querschnittsthema und Leitgedanke hält sie die Einsicht in die Unbegreiflichkeit, Unverfügbarkeit und Verborgenheit Gottes wach" (Benk 2010).

Gott als Mysterium zu konzipieren, impliziert, dass er nicht durch menschliches Begreifen einzuholen ist (siehe Faber 1998, S. 579 ff.) oder nach Karl Rahner ist das Geheimnis ein Wesenszug Gottes (siehe Rahner 1962, S. 295–

305). Wenn Gott nicht begriffen werden kann oder wenn positive Aspekte vom Absoluten nicht gemacht werden können, wie können wir dann seine Pläne der Auferstehung und eines ewigen Lebens entbergen. Positive Aussagen über diese wesentlichen Thematiken der Religionen müssen als unsicher kritisiert und infrage gestellt werden. Die Unbegreiflichkeit kann schlicht und einfach nicht begriffen werden. Das Unendliche kann nicht in endliche Worte gefasst werden.

Es stellt sich in diesem Zusammenhang die Frage, ob dieses Denken mit Wittgensteins Vorwort in der *Logisch-philosophischen Abhandlung* übereinstimmen könnte, wenn er den Ausspruch tätigt:

> „Man könnte den ganzen Sinn des Buches etwa in die Worte fassen: Was sich überhaupt sagen läßt, läßt sich klar sagen; und wovon man nicht reden kann, darüber muß man schweigen“ (Wittgenstein 1998, Vorwort).

Er weist in diesem Buch auf die Grenzen der Sprache hin, die für ihn gleichbedeutend sind mit den Grenzen der menschlichen Welt und der menschlichen Vernunft (ebenda 5, 6). Die Theologen wollen jedoch nicht schweigen, d. h. sie wollen Aussagen über Gott machen, nur sollten dies keine positiven Aussagen sein, was Gott oder was die Wahrheit über Gott sein soll. Insbesondere die Fundamentalisten geraten in die Kritik der negativen Theologie, denn sie sind dogmatisch und behaupten von sich, im Besitz der absoluten Wahrheit zu sein. Die negative Theologie befindet sich im Gegensatz zu solchen absoluten Strömungen und wirkt als „Gegengift zu den religiösen Fundamentalismen“ (Geyer, 2009, 8). Nach der Theologie soll deutlich gemacht werden, „wie unzutreffend letztlich menschliche Begrifflichkeiten Gottes Wesen ausdrücken kann. Statt positiver Aussagen werden Verneinungen konkreter Eigenschaften verwendet: Gott kann nicht als Güte, Wahrheit, Gerechtigkeit usw. definiert werden, weil kein menschlicher Begriff Gott wirklich und umfassend gerecht werden kann“ (Academic 2012). Dieses Denken entspricht im Gegensatz zum früheren Wittgenstein dem späteren Wittgenstein, der alles offenlassen will und die jeweiligen, im Alltagsgebrauch verwendeten Begriffe aus der Darstellung ihres Verwendungszusammenhanges erschließen will (Wittgenstein 2001). Bezogen auf die Theologie könnte man die Versuche, Gott zu erklären als „Sprachspiele“ bezeichnen. Da das Absolute undenkbar ist und alles offen sein soll, werden alle Gott zugeschriebenen Eigenschaften als unzureichend kritisiert, da Gott, ebenso wie der Tod, die Auferstehung und das ewige Leben, das unendliche Geheimnis bleiben. Das Sprachspiel soll zum Ausdruck bringen, dass keine Sprache über das Unendliche wahr oder falsch sein kann, Es kann keine Wertung aus dem Unendlichen erfolgen. Nicht nur innerhalb einer bestimmten Religion, sondern auch anderen Religionen gegenüber sollte daher eine Offenheit gewahrt werden. Jeder Mensch hat sein religiöses Geheimnis, das er mit sich rumträgt, ob Christ, Muslim oder Jude, aber genauso kann auch der keiner Religion zugehörige Mensch sein eigenes Geheimnis über das Unbekannte, das ewige Leben, in seiner transzendenten Offenheit haben.

Geheimnisse der Wissenschaft

Auch in der Wissenschaft gibt es bestimmte ungelöste Probleme oder Rätsel, die den Charakter von Geheimnissen annehmen. Z. B. wissen die Wissenschaftler immer noch nicht, ob es andere Lebewesen im Universum gibt, obwohl sie diese vermuten. Sie sind in ihrer Erkenntnissuche auch noch nicht so weit vorgedrungen, ob bewohnbare Planeten im Universum vorzufinden sind. Ebenso besteht trotz vieler Hypothesen über den Urknall Unklarheit über die Entstehung des Lebens auf der Erde. Vieles bleibt noch unsicher und die Wissenschaftler befinden sich noch bei Vielem im Dunkeln. So bestehen weiterhin ungelöste Geheimnisse (siehe Exit the room 2019). Auch die Frage, ob das Universum einen Rand hat, ist bislang nicht geklärt worden. Wissenschaftler sind auf der Suche nach dem, was „jenseits ihrer Sichtbarkeit verborgen ist. Es ist immer noch unmöglich herauszufinden, wie weit sich der Kosmos erstreckt“ (Die Wissenschaft 2022). Es herrscht die Auffassung vor, dass „das Universum wie ein riesiges Stück Papier ist. Sie werden keine Veränderungen in irgendeiner Richtung feststellen können. Immer mehr Galaxien werden sich öffnen, und es wird nicht möglich sein, den Rand des Universums zu erreichen. Die meisten Astronomen haben diese Hypothese akzeptiert. Es wird sowohl durch Theorie als auch durch Beobachtungen vollständig unterstützt. Das Problem ist jedoch, dass ein flaches Universum unendlich sein kann oder nicht. Es können keine Grenzen gesetzt werden" (ebenda). So bleibt das Universum weiterhin ein Geheimnis für die Wissenschaft. Nach Peter Fischer sind die Gesetze in der Natur, wie z. B. der freie Fall, den man nachvollziehen kann, weniger faszinierend als die Geheimnisse, die uns die Natur auferlegt. „Die Wissenschaft kann keine Geheimnisse aufheben, sondern nur vertiefen" (Fischer 2020).

Geheimnisse des Lebens

Nicht nur das Universum bleibt für die Wissenschaften ein Geheimnis, auch das Leben selbst, obwohl eine Menge darüber entborgen wurde, bleibt immer noch einiges verborgen – das Geheimnis verschwindet nicht. Zwar ist bekannt, dass die treibenden Kräfte unseres Lebens: die Zellen sind, derer es 60 Billionen davon gibt und zudem mehr als 200 verschiedene Arten, doch eine Dokumentation der deutschen TV-Premiere „taucht ein in die mysteriöse Welt, in der die moderne Forschung bereits viele Geheimnisse dieser kleinsten Bestandteile unseres Organismus gelüftet hat, doch wo noch immer so manches im Verborgenen liegt" (Deutsche TV-Premiere 2015). Es gibt also immer noch in der Wissenschaft Unbegreifliches über den menschlichen Organismus bzw. das menschliche Leben, das Otto F. Bollnow als das Geheimnis des Seins bezeichnet. Dieses unergründliche Geheimnis unterscheidet sich durch seine innere Struktur vom ergründbaren Geheimnis, das wissenschaftlich erforscht werden kann und eher als Rätsel betrachtet werden sollte, denn es ist „tiefenhaft, wobei es nicht einfach um die Unzulänglichkeit des Verstandes geht, sondern um die wirkliche Unerschöpflichkeit des Lebens selber, die in seinem schöpferisch sich vermehrenden Wesen begründet ist" (Bollnow k. D., S. 9). Wenn das endliche Leben schon in seinem Wesen unbegreiflich ist, wie problematisch scheint es dann zu sein, ein mögliches ewiges Leben zu begreifen und wenn das Leben hier und jetzt bereits unerschöpflich ist, wie unerschöpflich mag dann erst die Vorstellung über das ewige Leben sein. In Einsteins Weltsicht gibt es die Geheimnisse von Ewigkeit, von Leben wie auch die zum Staunen anregenden Strukturen der Realität und die Menschen sollten jeden Tag etwas von diesen Geheimnissen in Erfahrung bringen. In seinem 1930 erschienenen Buch *Wie ich die Welt sehe* schreibt er: „Das Schönste, das wir erleben können, ist das

Geheimnisvolle“ und „Wer das Geheimnisvolle nicht kennt und sich nicht wundern, nicht mehr staunen kann, der ist sozusagen tot und sein Auge erloschen“ (siehe Forum Einstein k. D.).

Literatur

Academic (2012). Negative Theologie. In. *Universal-Lexikon*. Online: https://universal_lexikon.de-academic.com/277135/negative_Theologie (abgerufen am 10.3.2022).

Aigner, Eva Maria (2017). *Die Spuren des Geheimnisses*. Wien.

Benk, Andreas (2010).Verborgenheit Gottes und Konstrukte der Theologie. Online: https://www.forum-grenzfragen.de/verborgenheit-gottes-und-konstrukte-der-theologie/ (abgerufen am 8.3.2022).

Bollnow, Otto Friedrich (k. D.). Geheimnis des Seins. Online: http://werner-loch.de/doc/MarcelGeheimnis.pdf (abgerufen am 8.3.2022).

Chopra, Deepak (2008). *Leben nach dem Tod: Das letzte Geheimnis unserer Existenz*. Berlin.

Derrida, Jacques (2014). Kreatives Denken jenseits der klassischen Philosophie, erstellt von Klaus Englert. In: *Deutschlandfunk* vom 4.12.2014.

Deutsche TV-Premiere (2015). Leben – Das Geheimnis der menschlichen Zelle. In: *MDR* vom 20.11.2015.

Die Wissenschaft (2022). Geheimnisse der Wissenschaft: Gibt es einen Rand des Universums? Online: https://de.scienceforming.com/10569760-secrets-of-science-is-there-an-edge-of-the-universe (abgerufen am 3.3.2022).

Exit the room (2019). Top 10 ungelöste Geheimnisse der Wissenschaft. Online: https://www.exittheroom.de/blog/top-10-ungeloeste-geheimnisse-der-wissenschaft (abgerufen am 5.3.2022).

Faber, Eva-Maria (1998). Mysterium. III. Systematisch-psychologisch. In: Walter Kasper (Hrsg.). *Lexikon der Theologie, Band VII*, S. 579 ff. Freiburg.

Forum Einstein (k. D.). Wie ich die Welt sehe. Online: forum-einstein.org/zitate.html (abgerufen am 9.3.2022).

Fischer, Ernst Peter im Gespräch mit Karin Fischer (2020). Historiker über Geheimnisse der Natur / „Wissenschaft ist uns ganz nah". In: *Deutschlandfunk* vom 26.8.2020.

Heidegger, Martin (1960). *Gelassenheit.* Pfullingen.

Heidegger, Martin (1978). *Die Technik und die Kehre.* Pfullingen.

Levinas, Emmanuel (2008). *Totalität und Unendlichkeit.* Freiburg/München.

Modehn, Christian (2019). Geheimnis in Philosophie und Theologie: Ein Kapitel philosophischer Überlebenskunst. Online: https://religionsphilosophischer-salon.de/11535_geheimnis-ein-thema-der-philosophie-und-theologie-ein-kapitel-philosophischer-ueberlebenskunst_aktuelle-buchhinweise/philosophische-buecher (abgerufen am 1.3.2022).

Online-Duden (2022). Mysterium. Online: https://www.duden.de/rechtschreibung/Mysterium (abgerufen am 5.3.2022).

Rahner, Karl (1962). Über das Geheimnis. In: *Theologisches Jahrbuch.* Leipzig, S. 295–305.

Safranski, Rüdiger (1994). *Ein Meister aus Deutschland. Heidegger und seine Zeit.* München.

Weber, Max (1995). *Wissenschaft als Beruf.* Stuttgart.

Wittgenstein, Ludwig (1963). *Logisch philosophische Abhandlung – Tractatus.* Frankfurt/Main.

Wittgenstein, Ludwig (2001). *Philosophische Untersuchungen.* Frankfurt/Main.

Zusammenfassung und Schlussfolgerungen

In dieser Arbeit wurde auf die menschlichen Vorstellungen eines ewigen Leben eingegangen und gezeigt, dass es keine einheitlichen Sichtweisen dazu gibt. Erstens möchten einige Menschen, falls es je möglich sein sollte, zum einen ewig leben, weil sie eine Liebe zum Leben und eine Freude am Leben entwickelt haben oder zum anderen nicht sterben, weil sie dem für sie schrecklichen Tod entrinnen wollen. Zweitens haben andere wiederum unter Vorbehalt diesen Wunsch geäußert, ewig leben zu wollen, wenn sie nicht krank oder behindert im Alter sein sollten. Drittens wollen eine Menge Menschen nicht unbegrenzt leben, da sie der Meinung sind, ungefähr 80 Jahre wären ausreichend, denn sonst, so befürchten sie, könnte ein langweiliges und sinnloses Leben auf sie zukommen. Selbstverständlich spielen die sozialen, politischen und ökonomischen Lebensbedingungen und die innere Verfassung, die Gemüts- oder Geisteshaltung, die sich in der Sozialisation, Aneignung oder Auseinandersetzung mit den gesellschaftlichen und kulturellen Strukturen ergeben hat, bei ihrer Entscheidung eine wesentliche Rolle. Wenn ein Mensch sich in alltäglichen sozialen Situationen ständig unwohl fühlt, sozial isoliert ist oder durch Langeweile geplagt wird, hat er weniger Interesse an Langlebigkeit als einer, der sich wohl fühlt, aktiv, schöpferisch tätig und sozial engagiert ist. Aber sollte in Zukunft die Lebenszeit eines Menschen, hypothetisch gesehen, tatsächlich enorm verlängert werden können, stellt sich die Frage, wie die Lebenswelt des langlebigen Menschen aussehen und was er in den Jahrhunderten seines Lebens tun würde, damit sich das Leben nicht ständig wiederholt und somit nicht öde, eintönig, leer und fade werden würde. Zweifelsohne müsste es in der diesseitigen Welt die Aufgabe eines jeden einzelnen Menschen sein, das Leben in den Jahrhunderten so zu entwerfen, dass es ihm in seiner Langlebigkeit sinnvoll erscheint. Die Geistes-, Gesundheits- und Sozialwissenschaften und die diversen Technologien könnten als Ergänzung zur Selbsthilfe dazu beitragen, dass körperliches, psychisches und soziales Wohlbefinden und das geistige

Vermögen im fortschreitenden Alter erhalten bleibt. Außerdem könnten viele Möglichkeiten innerhalb der produktiven und reproduktiven Sphäre geschaffen werden, die den Menschen ermuntern, tätig zu werden. Innerhalb des sich stetig erweiternden produktiven Rahmens könnte der Mensch gestaltend tätig werden, etwas Sinnvolles hervorbringen, indem er nachhaltig die Ressourcen nutzt und nicht gegen, sondern mit der Natur arbeitet. Produktionsinnovationen bzw. kreative Produktideen und Abbau von Machtsystemen, nämlich die der Machtverhältnisse der einen über die anderen, könnten die bislang häufig existierenden Entfremdungserscheinungen und Unlusterscheinungen (Burnout) überwinden. Innerhalb der reproduktiven Sphäre sollte der das Prinzip der Selbstgestaltung das dominante Prinzip sein und alles auf eine Ästhetik der Existenz ausgerichtet sein und das Schöne fürs Leben hervorbringen. In dem fortschreitenden Computer Zeitalter entwickelt sich auch zunehmend mehr Neugierde und Freude am Umgang mit dem Computer und eine Vorliebe für Arbeiten am eigenen PC. Die digitalen Medien haben einerseits einen Unterhaltungswert und sie können andererseits eine Informationsquelle sein und Wissen vermitteln, was das Interesse anregen und zu einem genussvollen Leben beitragen könnte. Die von vielen Menschen befürchtete Langeweile in einem langlebigen Dasein könnte dadurch vermieden werden, dass die Menschen sich einzubringen vermögen, sie gestalterisch tätig sein dürfen und auf diese Weise eine neue Welt in der Zukunft aufzubauen vermögen. Diese neue Welt könnte als ständige Wunderfähigkeit der ewigen menschlichen Neugestaltungsfähigkeit wahrgenommen werden

Einen Gegensatz zu der Hypothese eines menschengemachten ewigen Lebens ist das gottgemachte ewige Leben, das sich in den diversen Religionen, sowohl der christlichen als auch der jüdischen und der islamischen manifestiert. In den Religionen ist das Augenmerk auf Gott, den Schöpfer der Welt, auf Allah oder Jahwe gerichtet. Dieses absolute Wesen ist am Werke und schafft eine neue, ja ewige Welt für die Auferstandenen. Dem an die Auferstehung und ein ewiges Leben glaubenden Menschen wird eine paradiesähnliche Welt versprochen. Es wird oft die Herrlichkeit des himmlischen Reiches expliziert – z. B. die goldenen Gassen – und es wird vom schmerz- und tränenfreien Leben und einem Leben ohne Tod berichtet. Die Vergänglichkeit und mit ihr das Altern und Krankheiten sollen der Vergangenheit angehören, die Menschen müssen sich keine Sorgen mehr zu machen und keine Angst mehr vor dem Bösen zu haben, seien es Mord, Totschlag oder Krieg. Strahlende Gesichter sollen sich ihres Herrn erfreuen, der für sie das Köstlichste bereitstellen soll. Unlustgefühle sollen in ihrem Zustand der Wonne unbekannt sein. Doch fragt man sich, wie die von den Toten Auferstandenen ihr tagtägliches Leben verbringen werden und wie und wodurch sie sich des Lebens erfreuen sollen. Was sind diese himmlischen Tätigkeiten, welche die Menschen ihr ewiges Leben lang verrichten werden? In keiner der oben diskutierten Religionen wird uns dies, mit Ausnahme einiger Allgemeinaussagen, spezifisch vor Augen geführt. Das ewige himmlische Leben wird kaum offenbart, weil es wahrscheinlich jenseits der menschlich endlichen Vorstellungen liegen könnte und dort Tätigkeiten ausgeführt werden, die uns im Hier und Jetzt völlig unbekannt sind. Wahrscheinlich können die Menschen mit ihrem endlichen Intellekt gar nicht nachvollziehen, wie das ewige Leben ablaufen wird, da wir nur etwas über das Endliche auszusagen vermögen, weil wir eben als zeitliche Wesen auf endliche Vorstellungen begrenzt sind. Oder es wird nur wenig Himmlisches in den Religionen offenbart, damit jeder Mensch auf diese Weise seine eigenen Fantasien einbringen kann. Vielleicht ist ja auch für die meisten Menschen nur von Bedeutung, dass sie bei Gott sind und Gott mit ihnen ist und überlassen es ihm, diese vorgesehenen paradiesischen Verhältnisse herzustellen und sie sich dort voller Freude in dieses neue theokratische Reich einfügen dürfen. In den Religionen ist der Glaube das bestimmende Element und nicht das Wissen, das hier oft ausgeschaltet wird, denn solche Prophezeiungen sind gegen jegliche Vernunft. Doch im Bereich des Glaubens werden oft Fiktionen in Tatsachen umgewandelt. Der ungezügelte Glauben kann allerdings auch ohne weiteres in eine totalitäre Ideologie entarten. Wenn der religiöse Glaube sich auf einen politischen Fanatismus hinbewegt, sei es der islamische Terrorismus, der im Namen Allahs die Ungläubigen tötet oder der christliche Fundamentalismus, der sogar mit Waffengewalt gegen Abtreibung vorgeht, dann wird die Religion für die Mitmenschen und für die demokratische Gesellschaften gefährlich, da dieser absolutistischen Geisteshaltung jegliche Toleranz abhandengekommen ist. Durch die Tötung anderer Menschen Gott einen Gefallen getan zu haben und dadurch ein herrliches, ewiges Leben beschert zu bekommen, transzendiert jegliches vernünftige Denken und macht die Religionen unglaubwürdig.

Bei den meisten Menschen besteht der Wunsch ein langes Leben zu haben. Langlebigkeit als Ziel wird zum einen aus der Furcht vor dem schrecklichen Tod heraus verfolgt und zum anderen aus der Angst vor dem ewigen Nichts nach dem Tod, das er mit sich bringt, nämlich das drohende Vergehen von Selbst und Welt ins Nichts. Nichtsdestotrotz gibt es einige Menschen, die diese Angst abschütteln, da sie den Tod und die Auflösung des Ich nach dem Tod als Naturgesetzmäßigkeit akzeptieren. Ihr Argument ist: Die Natur bringt einerseits in einem nie endenden Kreislauf Leben hervor und dieses wird nach einer bestimmten Zeitspanne wieder vernichtet. Geboren werden und sterben, das In-die-Welt-Kommen und das Aus-der-Welt-Gehen sind unaufhörliche Prozesse der Natur. Schon die antiken Philosophen lehrten uns, dass der Tod nichts Furchterregendes sein muss, denn solange wir leben, ist der Tod nicht da und wenn der Tod da sein sollte, existieren wir nicht mehr. Nichts von uns bleibt mehr übrig – kein Selbstbewusstsein, keine Gefühle, keine Wahrnehmung, usw. Aber selbst, wenn manch ein Mensch das Leben und den Tod als Teil des Naturkreislaufes verstehen sollte, mag bei dem einen oder anderen doch ein mulmiges Gefühl aufkommen, wenn in ihrem Bewusstsein der Gedanke aufkommt, ihr Ich löse sich für immer und ewig auf. Ein Ich, das zum ewigen Nichts zerfällt, ruft bei einem stark ich-bewussten Menschen Unbehagen hervor, weil er es nicht ertragen kann, nicht länger zu existieren. Ist jedoch dieses Statement, nie wieder da zu sein, nie wieder sein Ich in Erfahrung bringen zu können, nicht selbst eine absolutistische These? Weiß der Mensch wirklich, was der Tod und das Leben danach sein werden? Bezieht sich diese Sichtweise nicht auf eine gewisse, über den Tod hinausreichende Zukunft, die so sein wird, wie er sich diese vorstellt statt der ungewissen Zukunft völlig offen gegenüberzustehen? Es stellt sich die Frage, ob der endliche Mensch, dem die Zukunft total unbekannt ist, wahre Statements machen sollte, d. h. sie ist so und nicht anders, an Stelle die Zukunft als ein undurchschaubares Geheimnis einzustufen. Jedoch wäre es auch problematisch, sich der These des frühen Wittgensteins zu unterwerfen, dass worüber man nicht sprechen kann, schweigen soll. Zweifelsohne kann man darüber sprechen, doch man muss sich klar darüber sein, dass die Unendlichkeit oder das Ewige endliche Köpfe nicht erfassen können, denn selbst die Wissenschaften gelangen hier an eine Grenze, da die Observationsmöglichkeiten und daher auch die Beweise fehlen.

Die Vorstellungen über eine völlig offene Zukunft, ohne irgendein Wissen zu haben, was der Tod und was das Leben nach dem Tod mit sich bringt, mögen von manch einem Individuum, das sein ganzes Leben auf Sicheres und Gewisses setzt, auch am Ende seines Lebens verpönt werden, denn er will wissen, was Sache ist. So mag er unzufrieden sein, alles offen zu halten und das Ganze als undurchschaubares Geheimnis zu bezeichnen. Viele Menschen halten an religiösen Vorstellungen (dem ewigen Paradies) oder an nihilistischen Vorstellungen (dem ewigen Nichts) fest. Auf diese Weise können sie statt einer ungewissen Zukunft einer sicheren entgegenzublicken. Eine ungewisse und unbekannte Zukunft stimmt einfach nicht mit ihren Vorstellungen überein, genau zu wissen, was auf sie zukommt. Die Zukunft offen zu lassen, heißt jedoch nicht, keine Hoffnung zu hegen, dass etwas Gutes entstehen könnte, ohne zu wissen, was es genau sein könnte. Es ist eine Hoffnung auf eine Zukunft nach dem Tod, die nicht vorauszusehen ist, weil der Mensch in seinem unzulänglichen Verstand das Ewige nicht erkennen kann, denn die Zukunft nach dem Tod spielt sich im Unendlichen ab.